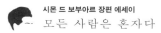

시몬 드 보부아르 장편 에세이

모든 사람은 혼자다

어느 여성에게 이 책을 바친다

시몬 드 보부아르 장편 에세이

모든 사람은 혼자다

시몬 드 보부아르 ㅣ 박정자 옮김

꾸리에

일러두기

1. 이 책은 시몬 드 보부아르의 『Pyrrhus et Cinéas』(Gallimard, 1944)를 완역하였다.
2. 국내에 출간된 책은 출간명을 따랐으나 미출간 저작인 경우 원서명을 그대로 살리거
   나, 완전히 번역하지는 않았다.
3. 원서의 강조 부분은 **고딕체**로 표시했다. 원주는 본문 하단에 *로 표기했으며 한국어
   판 독자들의 이해를 돕기 위해 넣은 옮긴이 주(*) 역시 본문 하단에 실었다. 본문 중
   간의 [ ]는 역자 첨언 또는 부연설명이다.
4. 외래어 표기는 일차적으로 국립국어원 표기법을 따랐지만 현재 더 널리 통용되는
   표기는 예외적으로 그대로 사용했다.

플루타르크에 의하면 어느 날 피뤼스*는 정벌 계획을 세우고, "우선 맨 먼저 그리스를 정복하자"고 말했다. 그래서 시네아스가 "그렇다면 그다음에는?"하고 물었더니, "아프리카를 손에 넣자."― "아프리카의 다음에는?"―"아시아에 건너가서 중앙아시아를, 아라비아를 침략하자." ― "그러면, 그다음에는?"― "인도까지 가자."―"인도 다음에는?"―"아아!"하고 피뤼스는 한숨을 쉬며 "휴식하기로 하자"고 했다. "왜, 지금 당장이 아니고?"라고, 시네아스가 물었다.

　시네아스가 현자인 것 같다. 어차피 자기 집에 돌아오기 위해서라면 출발한들 무슨 소용이 있겠는가? 중지해야만 한다면 시작한들 무슨 소용이 있겠는가? 만일 내가 어디서 멈춰야 할지 처음에 정해두지 않았다면, 출발한다는 것은 더욱더 허무하

*기원전 3세기 에피로 시네아스의 간언을 듣지 않고, 로마인과 여러 번 전투를 벌였다. 그리스 원정 중 아르고스를 점령했을 때 한 노파가 지붕 위에서 던진 기왓조각에 머리를 맞고 죽었다.

게 생각될 것이다. "나는 A라고 말하지 않아요"라고, 초등학생이 단호하게 말한다. "어째서지?"—"그다음에 B라고 말해야만 하니까요." 이 초등학생은 일단 시작하면 절대로 끝낼 수 없다는 것을 잘 알고 있다. 요컨대 B의 다음에는 알파벳 전체가, 음절이, 단어가, 책이, 시험이, 그리고 직업이 기다리고 있는 것이다. 순간마다 새로운 과제가 나타나서, 그것은 또 그를 새로운 과업 쪽으로 돌려 휴식이라고는 없게 된다. 절대로 끝나지 않는다면 무엇하러 시작할 것인가?

바벨탑의 건축기사조차 하늘은 천정이며, 언젠가는 거기에 닿을 수 있다고 생각했다. 설사 피뤼스가 스스로의 침략지점의 한계를 지구의 저편, 별의 저쪽, 가장 먼 성운의 저편, 끊임없이 자신의 눈앞에서 달아나는 무한으로까지 확대할 수 있다 해도, 그의 출정은 더욱더 무의미하게 되고 그의 노력은 분산될 뿐 어떠한 목적 속에서도 결집되지 못할 것이다. 반성反省의 측면에서 보면 인간의 모든 기획은 부조리한 것으로 보인다. 왜냐하면 기획이란 것은 한계가 결정된 다음에야 비로소 존재하는 것이기 때문이다. 그리고 "왜 여기까지일까? 왜 더 멀리 가면 안 될까? 무슨 소용이람?" 등 반 농조의 자문自問 속에서 이 한계는 언제나 뛰어넘을 수 있는 것이다.

"어떠한 목적도 노력을 기울일만한 값어치가 없다고 나는 생각한다." 이것은 뱅자맹 콩스탕*의 주인공의 말이다. 반성의 목소리가 자신 속에서 싹트기 시작할 때 청소년들은 흔히 그렇게 생각한다. 콩스탕의 주인공도 어린 시절은 피뤼스와 비슷하다. 질문 따위를 자신에게 던지는 일도 없이 뛰놀았다. 그리고 자신이 설정한 목적들은 절대적인 존재이고, 각기 존재 이유를 그 자체 안에 가지고 있는 것처럼 보였다. 그런데 어느 날 자신에게 그 목적을 넘어설 능력이 있다는 것을 발견한다. 요컨대 벌써 목적 따위는 존재하지 않는 것이다. 그에게는 공허한 일밖에 존재하지 않고, 그는 그러한 일들을 거부하기 시작한다. "주사위에는 속임수가 장치되어 있다"라고 그는 말한다. 그는 자신의 선배들을 경멸의 눈으로 본다. 자신들의 계획을 진실로 받아들이다니, 그런 바보 같은 일이?

　어떤 사람들은 이 속임수의 미끼를 끝장내기 위해 자살을 하기까지 했다. 실제로 자살은 그것을 끝장내는 유일한 방법이었다. 왜냐하면 내가 살아있는 한, 시네아스 같은 인물이 "그렇다면 그다음은? 무슨 소용이람?" 따위의 말로 나를 귀찮게 해보았자 아무 소용이 없기 때문이다. 유감스럽게도 심장은 두근거리고, 주먹은 앞으로 나가며, 새로운 기획은 차례차례 생겨나서 나를 앞으로 끌어가고 있다. 현자들은 이런 고집 속에서 인간의 치유할 수 없는 어리석음의 표시를 발견했다. 그러나 그토록 본질적인 일탈을 여전히 일탈이라고 부를 수 있을까? 인간의 진실이

*Benjamin Constant: 19세기 프랑스의 작가. 연애심리소설로 유명하다.

인간 속에 없다고 한다면 대체 우리는 그것을 어디서 찾아야 하는 것일까? 반성도 우리의 자발성의 비약을 막지는 못할 것이다.

그런데 반성 또한 자발성이다. 인간은 나무를 심고, 집을 짓고, 나라를 정복하며, 소망하고, 사랑한다. 그리고 언제나 반드시 "그다음은?"이 있다. 매 순간 그는 항상 새로운 정열을 품고 새로운 기획 속에 몸을 던진다. 돈 후안이 한 사람의 여인을 버리는 것은 다른 여인을 유혹하기 위한 것에 다름 아니다. 그러나 그 돈 후안조차도 언젠가는 피로감을 느낀다.

피뤼스와 시네아스의 대화는 끊임없이 다시 시작된다.

그러나 피뤼스는 정해야만 한다. 멈추거나, 아니면 출발해야 하는 것이다. 만일 정지한다면 그는 무엇을 해야 할까? 만일 출발한다면 그는 어디까지 가야 하는 것일까?

"우리의 뜰을 경작할지어다"라고 캉디드*는 말했다. 이 충고는 우리에게 그다지 도움이 되지 않는다. 왜냐하면 나의 뜰이라는 게 도대체 무엇인가? 지구 전체를 경작하고 있다고 호언하는 사람들도 있다. 또 다른 사람들은 한 개의 화분조차 너무 넓다고 생각할 것이다.

어떤 사람들은 "우리가 죽은 뒤 홍수가 오건 말건" 따위를 예사로 말하는가 하면, 샤를마뉴 대제**는 임종의 자리에 누워

---

*볼테르의 동명 소설 주인공. 파란 많은 생애 끝에 은둔해서 평온한 농경생활로 여생을 보냈다.

서도 공격해 오는 노르만 족의 배를 보며 울었다.

자신의 구두에 구멍이 나서 물이 샌다고 화를 내는 여인이 있다. 내가 만일 그녀에게 "그게 뭐가 대단해서 그러세요? 중국의 오지에서는 몇백만의 인간이 굶어 죽어가고 있는데"라고 말한다면, 그녀는 분노하여 이렇게 말할 것이다. "그들은 중국에 있어요. 그리고 구멍이 난 건 내 구두예요." 그런데 여기 또 다른 여인이 중국의 기근에 무서움을 느끼며 울고 있다. 그래서 내가 그녀에게 "상관없는 일이잖아요? 당신은 배고프지 않으니까"라고 말하면, 그녀는 나를 경멸의 눈으로 바라보며 이렇게 말할 것이다. "내 자신의 안락이 무슨 소용이죠?" 그렇다면 나의 것이란 도대체 무엇인가? 그리스도의 제자들은 "나의 이웃은 누구인가?"라고 묻지 않았던가.

그렇다면 도대체 인간의 척도는 무엇일까? 인간은 어떤 목적을 세울 수 있는 것일까? 그리고 인간에게는 어떤 희망이 허용되는 것일까?

**카를 대제의 프랑스 명칭. 고대문화의 부흥과 학문에 힘썼다.

제1부

캉디드의 뜰

한 아이가 울고 있었다. 공동주택 경비원의 아들이 죽었기 때문이라고 했다. 아이의 부모는 아이를 그냥 울게 내버려 두었다. 그러나 한참 후에 견딜 수 없어 짜증을 내고 말았다. "바보 같으니라고, 그 아이는 네 형제가 아니잖아." 그러자 아이는 눈물을 닦았다. 그건 아주 위험한 교훈이었다. 타인의 아이를 위해서 울다니, 쓸데없는 일이다. 좋다. 그러나 그렇다면 왜 자기 형제가 죽을 때 울어야 하는 것일까?

이웃의 싸움에 뛰어들려는 남편을 아내가 꽉 붙들고 "당신이 나설 데가 아니야"라고 말한다. 남편은 얌전하게 그 장소에서 물러난다. 그러나 몇 시간 후에, 이번에는 아내 쪽에서 "나 피곤해요, 추워요"라고 말하면서 남편의 도움을 청한다면, 남편은 자신이 조금 전에 느꼈던 고독을 떠올리고, 깜짝 놀라 아내의 얼굴을 바라보며 '이번에는 내가 나설 차례인가?'라고 생각할 것이다.

인도India가 내게 무슨 상관이 있나? 하물며 에피로스*는 또 무엇이고? 그런데 이 땅을, 이 여자를, 이 아이들을 왜 나는 내 것이라고 부르는가? 내가 이 아이들을 낳았고, 그들은 존재하고, 아내는 내 곁에 있고, 땅은 나의 발밑에 있기 때문인가. 그것들과 나 사이에는 아무런 끈도 존재하지 않는데. 이것이 바로 카뮈의 "이방인"이 생각하는 방식이다. 그는 자신에게 완전히 낯선이 세계 앞에서 자신을 이방인이라고 느낀다.

　불행 속에 있으면 인간은 흔히 자신이 애착을 가졌던 인연들을 전부 부인하는 수가 있다. 그는 불행을 바라는 것이 아니라 어떻게 해서든지 불행을 피할 방법을 찾는 것이다. 그는 자신의 속을 들여다본다. 그는 거기서 무심한 육체와 규칙적 리듬으로 고동치는 심장을 본다. 하나의 목소리가 말한다. "나는 존재한다." 불행은 거기에 없다. 불행은 저 텅 빈 집, 저 죽은 얼굴, 저 길거리 속에 있다. 나는 편안하게 집으로 돌아가 저 활기 없는 거리를 멍하게 바라보며 말할 것이다. "뭐가 어때서? 나하고 상관없는 일이잖아." 나는 무심하고 평온한 자신을 되찾는다. "그렇다고 뭐가 달라졌어?" 집 안에 틀어박혀 있기를 좋아하는 프랑스 소시민들이 1940년 9월에** 자기 집 거실 소파에 웅크려 앉아 한 말이다. "모두 여전히 옛날하고 똑같은 비프스테이크를 먹고 있잖아." 변화는 오로지 바깥에만 존재하고 있었던 것이다. 그러니 그들이 왜 관심을 갖겠는가?

*Epire: BC 3세기에 번성했던 옛 국가, 15세기에 터키에 함락되었다.
**프랑스가 나치독일에 항복했을 때를 말한다.

가령 나 자신이 하나의 사물에 불과하다면, 무슨 일이든 나와는 아무 상관이 없을 것이다. 만일 내가 폐쇄적으로 나 자신 속에 나를 가두어 버린다면, 타자들 역시 내게 문을 닫을 것이다. 사물의 타성태적inerte 성격은 분리와 고독이다.

세계와 나 사이에는 그 어떤 기존의 연관성도 없다. 하나의 단순한 소여所與로 자연 속에 들어있는 한, 그 어떤 것도 나의 소유는 아니다. 만일 어떤 나라 안에 내가 단지 식물처럼 솟아나 있다면, 그 나라는 나의 것이 아니다. 나의 위에 세워진 것이라도 내가 관여한 것이 아니라면 그것은 나의 것이 아니다. 건물을 수동적으로 지탱하고 있는 돌은 그 건물을 자신의 것이라고 주장할 수 없다. 카뮈의 "이방인"이 외부로부터 강요되는 관계들을 전부 거절한 것은 당연했다. 그 어떤 관계도 처음부터 주어져 있는 것은 아니므로.

만일 누가 "나의 그림, 나의 정원, 나의 노동자들"이라고 호언하면서—왜냐하면 계약은 그 대상들에 대한 권리를 부여하므로—대상과의 외적인 관계에만 만족한다면, 그는 미끼에 걸린 것이다. 그는 아무런 행동도 하지 않고, 지상에 자기 자리를 넓혀서 스스로의 존재를, 스스로의 육체의 한계, 기억의 한계의 저편에까지 팽창시키고 싶을 것이다. 그러나 그의 앞에 있는 대상은 여전히 무심하고 낯설다. 사회적, 유기적有機的, 경제적인 관계는 외적 관계에 불과하고, 그 어떤 진정한 소유의 기초도 마

24

련해 주지 않는다.

우리 자신의 것이 아닌 장점을 안전하게 빼앗기 위해 우리
는 또 다른 책략에 의지한다. 자기 집 난롯가에 앉아 신문에서
히말라야 등반 기사를 읽으면서, 저 태평스러운 부르주아는 득
의양양하게 외친다. "아아, 인간에게는 이런 일도 해낼 힘이 있
다!" 그는 자신이 히말라야에 등반한 것 같은 기분이 된다. 자신
의 성별性別에, 자신의 국가에, 자신의 계급에, 인류 전체에 자
신을 동일시함으로써 인간은 자신의 뜻을 넓힐 수 있다. 그러나
그것은 고작 말로 넓힌 데 지나지 않으며, 이런 동일시는 공허
한 주장에 불과하다.

하나의 대상은 내가 그 안에서 내 모습을 찾아볼 수 있을 때
만 나의 것이 된다. 그 안에서 내 모습을 찾을 수 있다는 것은, 내
가 거기에 참여했을 때에만 가능한 이야기이다. 하나의 대상이
내게 속하기 위해서는 그것이 나에 의해 수립되어야만 한다. 요
컨대 내가 그것을 그 총체성 속에서 수립한 경우에만 그 대상은
총체적으로 나의 것이 된다. 완전히 나에게 속해있는 유일한 현
실은, 그러니까 단적으로 말해서, 나의 행위이다. 요컨대 나의
것이 아닌 재료로 만들어진 작품은 사방팔방으로 내게서 달아나
버린다. 나의 것이란, 내 기획의 완수에 다름 아니다.

내가 승리를 위해 싸웠을 때 그 승리는 나의 것이다. 만일
피로에 지친 정복자가 자신의 아들의 승리를 즐긴다면, 그건 오

모든 사람은 혼자다

로지 자신의 위업을 연장시키기 위해서만 아들을 두었다는 의미이다. 그가 지금 찬양하고 있는 것은 바로 자신의 기획이 완수되었기 때문이다. 타인과 나와의 차이가 없어지고, 내가 타인의 업적을 나의 것이라고 부를 수 있는 것은, 나의 주체성이 무기력해지거나, 폐쇄적으로 되거나, 분리되어서가 아니라, 오히려 반대로 타인을 향해서 운동하고 있기 때문이다.

나와 타인을 연결시키는 관계를 나는 혼자서 만들 수 있다. 왜냐하면 나는 하나의 사물이 아니라 나한테서 타인으로 향하는 하나의 기획이며 초월성이기 때문이다. 카뮈의 "이방인"은 이 힘을 인정하지 않고 있다. 그에게는 어떠한 소유도 주어져 있지 않다. 그러나 세계에 대한 무관심 역시 자동으로 주어져 있는 것은 아니다. 나는 우선 물체가 아니라 자발성이다. 희망하고 사랑하며, 욕망하고 행동하는 자발성이다.

"저 아이는 나의 형제는 아닐지도 모른다." 그러나 만일 내가 그를 위해서 운다면, 벌써 그는 나에게 있어서 이방인이 아니다. 그것을 결정하는 것은 나의 눈물이다. 무엇 하나도 나 이전에는 결정되어 있지 않다. 나의 이웃은 누구인가? 라고 제자들이 그리스도에게 물었을 때 그리스도는 하나하나 이름을 들어서 대답한 것이 아니라, 착한 사마리아인의 우화를 이야기했다. 길가에 버려진 사나이에게 자신의 외투를 입혀서 도와준 사마리아인이 바로 그 버려진 사람의 이웃이었던 것이다. 요컨대 사람은 누구의 이웃도 **아니다**. 어떤 하나의 행위를 통해 자신이 타인의 이웃이 됨으로써 타인을 자신의 이웃으로 **만든다**.

나의 것이라 함은 그러니까 내가 만든 것이다. 그러나 내가 그것을 만들자마자 곧 그것은 내게서 떨어져 나간다. 그것은 나한테서 도망친다. 내가 조금 전에 표명한 생각이 지금까지도 나의 생각일까? 이 과거가 나의 것이 되기 위해, 매 순간 이 과거를 나의 미래 쪽으로 옮겨감으로써 그것을 끊임없이 나의 것으로 만들 필요가 있다. 내가 세운 것이 아니어서 과거에는 나의 것이 아니었던 대상물조차도 그 위에 내가 무엇인가 세움으로써 나의 것으로 만들 수 있다. 내가 참여하지 않았던 승리를 즐길 수도 있다. 내가 그 승리를 나 자신의 원정遠征의 출발점으로 삼기만 한다면 말이다. 내가 세운 집이 아니더라도 내가 살게 되면 나의 집이 되고, 땅도 내가 경작하면 나의 땅이 된다.

사물과 나의 관계는 미리 주어져 있는 것이 아니다. 응결되어 있는 것도 아니다. 나는 그 관계를 순간순간 재창조한다. 어떤 관계는 죽고, 어떤 관계는 생겨나며, 또 어떤 관계는 부활한다. 끊임없이 그것들은 변화한다. 매번 새롭게 지양함으로써 그 지양된 것이 나에게 주어진다. 그래서 기술은 곧 세계를 전유專有하는 방식이 된다. 즉 하늘은 날 수 있는 사람의 것이며, 바다는 헤엄치고 항해할 수 있는 사람의 것이다.

이와 같이 세계와 우리와의 관계는 처음부터 결정되어 있는 것이 아니다. 그것을 결정하는 것은 우리들이다. 그러나 우리는 아무것이나 제멋대로 결정하지 않는다. 내가 지양하는 것은 언제나 나의 과거이며, 그 과거의 한복판에 들어있는 사물이다. 나의 미래는 이 과거를 포함하는 것이며 결코 이 과거 없이 미래는 스스로를 구축할 수 없다.

중국인은 내가 그들의 불행에 눈물을 흘리는 순간부터 나의 형제가 된다. 그렇다고 해서 누구나 제멋대로 중국인을 위해 눈물을 흘리는 것은 아니다. 만일 내가 바빌론에 대해 아무 관심이 없었더라면, 바빌론의 소재지에 관해 최근에 새롭게 제기된 학설에 나는 아무런 흥미도 느끼지 못했을 것이다. 만일 우리나라가 패전국이 되지 않았더라면 나는 패전을 느낄 수 없었을 것이다. 요컨대 나는 내 참여의 정도에 따라 패전을 느낀다. 자신의 운명을 자기 나라의 운명 또는 자기 사령관의 운명과 혼동했던 사람이야말로 패전을 당해서 "**나의** 패전"이라고 말할 수 있다.

어느 지역에서 먹고 자는 일 외에 아무것도 하지 않고 살아온 인간이라면 패전이라는 사건 속에서 그는 그저 습관의 변화 밖에는 보지 못할 것이다. 이때까지 별생각 없이 참여했던 일을 새삼 처음으로 의식할 수는 있다. 그러나 적어도 참여 자체는 미리 했어야만 했다. 인간과 사물이 확연히 다르다는 점에서 사물은 결코 나에게 다다르지 않는다. 나 자신의 가능성 속에서만 사물은 나에게 도달한다.

그러므로 우리는 금지된 부富에 에워싸여 있다. 그리고 가끔 이 한계 때문에 속을 끓인다. 요컨대 우리는 세계 전체가 우리의 것이 되기를 바라고, 또 타인의 유익함을 탐내기도 한다. 내가 아는 한 여대생은 스포츠, 도박, 연애, 모험, 정치의 세계를 하나씩 정복하겠다는 야심을 갖고 있었다. 그녀는 자신이 온갖 경험을 다 해보고 싶어 하지만 실제로 그럴 능력은 없다는 것을 깨닫지 못한 채, 이 모든 영역에서 자신을 시험해보았다. 그녀는 '자신의 삶을 다양하게 만들' 수 있다고 믿었던 것이다. 그런데 실제로는 삶의 다양한 순간들이 한데 통합되어 단일한 삶이 되고 말았다.

프롤레타리아 계급의 편에 서 있는 한 지식인은 결코 프롤레타리아가 되지 못한다. 어디까지나 프롤레타리아 계급의 곁에 서 있는 지식인일 뿐이다. 반 고흐가 그리는 그림은 새롭고 자유로운 창조이다. 그러나 그것은 변함없이 한 장의 반 고흐 그림이다. 가령 그가 한 장의 고갱 그림을 그리려고 한다면, 그 그림은 반 고흐에 의한 고갱의 모방밖에는 되지 않을 것이다. 캉디드의 조언이 쓸데없는 참견으로 끝나는 것도 이런 이유 때문이다. 요컨대 내가 경작하게 될 것은 언제나 **나의** 뜰이다. 나는 죽을 때까지 그 속에 갇혀 있게 될 것이다. 왜냐하면 나 자신이 경작하는 순간부터 그 뜰은 나의 것이 되므로.

이 우주의 한 조각이 나에게 속하기 위해서는 다만 내가 실제로 그것을 경작하기만 하면 된다. 인간의 활동은 자칫 태만해

지기 쉽다. 인간은 참된 행위를 성취하는 대신 거짓 외관에 만족한다. 역마차에 붙어 있는 파리 한 마리는 마차를 산꼭대기까지 끌고 간 것이 자신이라고 생각한다. 연설을 하거나 사진을 찍으며 어슬렁거린 사람은 전쟁 혹은 원정遠征에 참가한 것이 아니다. 어떤 종류의 행위는 그것이 지향하는 목적과 모순되는 일조차 있다. 한 여류자선가는 빈곤의 한가운데에서 일종의 균형을 유지하도록 허용해 주는 기관을 설립함으로써 그녀가 경감시켜 주려는 빈곤을 도리어 영속화시키는 데 기여하고 있다. 나의 목적이 무엇인지를 알기 위해서는 내가 실제로 무엇을 하고 있는지를 알 필요가 있다.

여기서 우리는 알 수 있다. 캉디드가 우리를 가두려 하는 뜰에 그 어떤 차원도 정해 줄 수 없다는 것을. 이 뜰은 미리 제시된 것이 아니다. 그 장소나 한계를 선택하는 일은 완전히 나에게 달린 문제이다.

어차피 이러한 한계 따위는 나를 둘러싸고 있는 무한의 관점에서 본다면 문제도 되지 않는 것이므로, 되도록이면 그 한계를 좁히는 것이 인간의 지혜가 아닐까? 뜰이 적어지면 적어질수록 우리가 운명에 사로잡히는 일은 더욱 줄어들 것이다. 그러므로 인간은 모든 계획을 포기해야 한다. A를 말하지 않으려고 울고 있던 저 명민한 초등학생을 본받아야 할 것이다. 인드라*신神과 같이 되어야 한다. 가공할 악마를 상대한 승리에서 기진

맥진해진 인드라는 원자原子의 크기로 축소되어, 침묵의 무관심
한 물 밑에서 백련 줄기의 심이 되어 세상을 멀리 떠나 사는 길
을 택하지 않았던가.

*Indra: 힌두교에서 비와 천둥을 관장하는 신.

순간

만일 내가 하잘것없는 하나의 육체라면, 그리하여 양지쪽에서 볕 쐬기 할 만한 장소와 그저 숨 쉴만한 한순간밖에 가진 것이 없다면, 그때의 나는 모든 후회, 모든 걱정, 모든 두려움에서 해방될 것이다. 이미 그 무엇도 나를 감동시키지 못하며, 그 무엇도 내게는 중요하지 않다. 이때 나는 나의 생명이 충족시키는 이 한순간에만 결부되어 있다. 요컨대 이 한순간만이 손으로 만질 수 있는 획득물이며, 현존이다. 순간의 인상밖에는 없다.

충만한 순간들 사이에서 일종의 접속의 역할을 하고 있는 빈 순간들이 있다. 우리는 이 순간들이 흘러가기를 참을성 있게 기다린다. 그리고 충만한 순간 속에서만 가득 채워진 듯 포만감을 느낀다. 그러나 여기 아리스티포스*의 윤리, 호라티우스Horace의 "오늘을 즐겨라Carpe diem"의 윤리, 앙드레 지드의 『지상의 양식』의 윤리가 있다. 그들은 우리에게 말한다. 기획과 정복의 세

---

*Aristippus: BC 435~356, 소크라테스의 제자. 인생의 목적은 행복을 추구하는 것이라는 쾌락주의 윤리를 제시하였다.

계에서 몸을 빼내자. 아무런 계획도 세우지 말자. 우리 각자 집 안에 그냥 머물러 있자. 쾌락의 한가운데에서 휴식을 취하자.

그러나 쾌락은 휴식일까? 우리가 쾌락을 만나는 것은 우리들 속에서일까? 그리고 그것은 우리를 충족시킬 수 있을까?

"이제 그만, 이젠 됐어. 더 이상 아까처럼 감미롭지 않군"이라고, 『왕들의 밤』의 주인공 망투Mantoue 공公이 음악가들에게 말했다. 아무리 감미로운 멜로디라도 한없이 되풀이되면 짜증 나는 리투르넬*이 되고 만다. 처음에는 기분 좋았던 미각도 마침내는 구토를 불러일으킨다.

너무나도 오랫동안 줄곧 마찬가지로 있는 불변의 쾌락은 종래에는 하나의 충만으로서 느껴질 수 없다. 마지막에는 완전한 결핍과 혼동되기에 이른다. 쾌락이라는 것은 내가 그 앞에 현전하고 있는 하나의 대상이다. 그것은 차이 속에서의 나의 대상이다. 그러나 그 대상이 나에게 주어진 순간, 차이는 없어진다. 그저 무미와 권태밖에는 아무것도 아닌 새로운 공허인 것이다.

나와 대상을 분리시키고 있던 이 거리의 덕분으로, 나는 대상 쪽에 몸을 던질 수 있어서 운동이며 초월성일 수 있었다. 그런데 내가 그 거리를 제거하자마자 나와 대상과의 이 응결된 결합체는 벌써 하나의 사물적 양식으로만 존재하게 된다. 스토아학파가 쾌락을 고통과 마찬가지로 낯설고 무관한 현실로 간주하는 것

*노래 전후에 연주하는 소악장.

은 당연하다. 왜냐하면 스토아학파는 쾌락이나 고통을 내 안에서 수동적으로 영원히 지속되는 단순한 상태로 정의하기 때문이다.

그러나 실제에 있어서 쾌락은 순간이라는 비좁은 모암母巖 속에 응결된 소여所與가 아니다. 지드도 말했듯이 각기의 쾌락은 세계 전체를 포함하고, 순간은 영원을 상정하며, 신은 감각 속에 있다. 쾌락은 세계와의 단절이 아니다. 쾌락은 세계 안에 있는 나의 존재를 상정한다. 그리고 우선 세계의 과거와 나의 과거를 상정한다. 쾌락은 그것이 새로우면 새로울수록 귀중하고, 시간의 단조로운 배경 앞에서 힘차게 비상하면 할수록 귀중한 것이다.

그러나 고착되어 있는 순간은 결코 새롭지 않다. 과거와의 관계 속에서만 비로소 순간은 새로워진다. 바로 지금 출현한 형태는 그것을 지탱하고 있는 배경이 뚜렷하고 분명해야만 자신의 모습도 명확하게 드러난다. 나무 그늘의 시원함이 귀중한 것은 볕이 뜨겁게 내리쬐는 대낮의 길가에서이다. 휴식은 고된 일과를 마친 뒤의 편안한 긴장 이완이다. 작은 산꼭대기에서 나는 내가 돌아다녔던 길을 바라본다. 내 성취감의 기쁨 속에 현존하고 있는 것은 바로 그 길 전체이다. 이 휴식을 가치 있게 하는 것은 보행이다. 그리고 이 한 잔의 물을 귀중하게 만드는 것은 나의 갈증이다.

향락의 한순간 속에 모든 과거가 집적되어 있다. 나는 그 과거를 막연하게 바라보기만 하는 것은 아니다. 요컨대 하나의 소유물에서 기쁨을 느끼는 것은 그 소유물을 쓰면서, 그것과 함께 미래 쪽으로 향하기 때문이다. 빛과 그림자를 즐기는 것은 그것들이 마치 천천히 쌓이는 부富의 축적으로 느껴지기 때문이다. 이완된 몸 안에서 힘이 다시 솟구치는 것을 느낀다. 나는 다시 출발하기 위해 휴식하고 있는 것이다. 내가 걸어온 길과 동시에, 이제부터 내려가려고 하는 저 골짜기를 바라본다.

나는 자신의 미래를 바라본다. 모든 향락은 내 기획을 앞으로 투사하는 기투投企이다. 그것은 미래를 향해서 과거를 추월하는데, 과거란 미래의 이미지가 응결된 세계에 다름 아니다. 계피가 든 따뜻한 초콜릿을 마시는 것은 스페인을 마시는 것이라고 지드는 『사건』에서 말하고 있다. 우리를 매혹하는 모든 향기, 모든 풍경이 그 자체의 저쪽, 다시 말해 우리 자신의 바깥쪽으로 우리를 내던진다. 오로지 자기 자신에만 머물러 있으면 그것은 타성태의 소원疎遠한 존재가 될 뿐이다. 이 존재가 또다시 제 몸 위로 무너져 내리면 향락은 권태가 된다. 내가 나 자신에서 빠져나갈 때, 그리하여 향락의 대상을 통해 내 존재를 세계에 참여시킬 때 비로소 거기에 향락이 존재한다.

자네*가 묘사하고 있는 신경쇠약자들은 아무리 아름다운 광경을 접해도 무관심한 감정밖에 느끼지 않았다. 그럴 수밖에 없는 것이 그들의 뇌리에는 어떤 행동을 할 준비도 되어 있지 않

*Pierre Janet: 19세기 프랑스의 정신과 의사.

왔기 때문이다. 그들에게 있어서 꽃은 꺾어서 냄새를 맡기 위한 것이 아니고, 오솔길은 걸어 다니기 위한 것이 아니다. 꽃은 페인트칠한 금속으로 보였고, 풍경은 무대 장식으로만 보였을 뿐이다. 거기엔 미래도 없고 지양도 없으며 향락도 없다. 온 세계가 두께를 잃은 셈이다.

만일 사람이 그 자신 속에 머물러 세계를 피하려고 한다면 향락까지도 버려야 한다. 에피쿠로스파[향락주의자]는 그것을 잘 알고 있었다. 그들은 요동치는 쾌락을 경멸하고, 오로지 정적靜的인 쾌락, 순연한 고요함만을 찬양하였다. 그리고 현자가 되려면 자신의 육체까지도 버려야 한다고 주장한 스토아학파에 이르면 더 말할 나위가 없다. 나의 순전한 내면성 이외의 그 무엇도 나의 것은 아니라고 그들은 생각한다. 나는 더 이상 외부를 가지고 있지 않고, 고통조차 다다르지 못할 것 같은, 벌거벗은 현존에 불과하다는 것이다. 순간 속에 응집되어 있고, 다만 자신이 존재하고 있는 것 외에는 아무것도 알지 못하고, 그저 단순한 분출일 뿐인데, 이 분출도 촉지觸知될 수 없는 무형의 것이다. 그렇게 되면 내 앞에는 선善도 없고 악도 없으며, 내 속에는 불안도 없게 된다. 결국 나는 즉자적으로 존재하고, 그 무엇에도 아무런 관심이 없게 될 것이다.

토라진 아이가 방구석으로 가서 말한다. "무슨 상관이람." 그러나 곧 그는 일어나, 마구 뛰어놀고, 그리고는 또 싫증을 낸다. 생명이 움츠러들 때, 그것은 평화로운 정적靜寂이 아닌 무관심의 불안이다. 스스로 도망쳐 자기 자신에서 벗어나 타인을 부르는 무관심의 불안이다. "인간의 모든 불행은 방 안에 가만히 앉아있지 못하는, 바로 그 사실에서 비롯된다"고 파스칼은 말했다. 방안에 가만히 있지 못한다는 게 도대체 무엇인데? 만일 인간이 모든 기분전환을 배척한다면 그야말로 그는 발레리Valéry가 말하는, "산다는 것의 순수 권태" 한가운데에 있게 될 것이다. 그리고 이 순수함은 발레리의 다른 표현을 빌린다면 "순식간에 심장을 멎게" 할 것이다.

그러나 "기분전환"을 말하는 것이 합당한 일인가? 그리고, 발레리와 더불어, 권태 속에서 발견되는 것은 "순수한 상태의 실재"라고 말해야 할까? 헤겔이 강하게 말했듯이 실재는 결코 외관外觀 밑바닥에 감추어진 내면성이 아니다. 외관은 아무것도 감추고 있지 않다. 내면성은 외면성과 다르지 않다. 외관은 그것 자체가 실재이다.

만일 인간이 움직이지 않는 현존現存의 원자原子에 지나지 않는다면, 어떻게 세상이 자신의 것이라는 착각이 인간 속에서 생겨난단 말인가? 그리고 또 욕망과 불안은 왜 생겨나는 것인가? 인간이 욕망과 공포를 의식하고 있다면, 그것은 인간이 스스로 욕망하고 두려워하기 때문이다. 만일 피뤼스가 "가만히 있는 존재"라면, 그는 출발할 것을 꿈에도 생각하지 못했을 것이다. 그런데 그는 떠날 꿈을 꾸고 있다. 그가 꿈꾸기 시작하자마자 그는 벌써 출발한 것이다. "인간은 먼 곳의 존재"라고 하이데거는 말했다. 인간은 언제나 **다른 곳**에 있다.

"이것이 바로 나다"라고 안전하게 말할 수 있는 특권적인 지점은 없다. 인간은 본질적으로 자기 자신과는 다른 것을 향하도록 되어 있다. 그는 자기와는 다른 것과의 관계에 의해서만 자신일 수 있다. "인간은 순간의 상태로 환원된 존재보다 언제나 무한히 더 우월한 존재이다"라고 하이데거는 말한다. 모든 생각, 모든 눈초리, 모든 경향이 전부 초월성이다. 이것은 앞에서 우리가 쾌락을 고찰할 때 본 것과 같다. 쾌락은 과거와 미래, 그리고 전 세계를 포함했었다.

언덕 위 나무 그늘에 누워 있는 사람은 그의 육체가 밀착해 있는 그곳의 흙덩이 위에만 있는 것이 아니다. 그는 자기가 바라보고 있는 저 산들에도 현존하고 있다. 그는 또 부재의 자격으로 먼 도시에도 있다. 그는 이 부재를 즐기고 있다. 가령 눈을 감고, 아무것도 생각하지 않으려 하더라도, 그가 푹 빠져있는 그 부동不動의 무심한 온기溫氣 속에서 그는 자기 자신을 느낀다. 세계가 그의 앞에 나타나지 않는다면, 그는 자기 존재의 순수한 자기성自己性ipséité 속에서 이 세계 안에 나타날 수 없다.

우리가 어떠한 낙원도 상상하기 어려운 것은 인간이 초월성이기 때문이다. 낙원이라고 하는 것은 정지停止이며 초월성의 폐지廢止이다. 추월追越당할 필요가 없는 하나의 상태로 자신을 제시하고 있는 어떤 것이다. 우리는 낙원에서 무엇을 할 수 있다는 말인가? 그곳의 공기가 호흡할 수 있을 만큼 신선하기 위해서는, 거기에 행동과 욕망이 있어야 하고, 또 우리가 그것을 곧 지양할 수 있어야만 한다. 요컨대 그것은 낙원이 아니어야 한다.

가나안의 아름다움은 그것이 여러 가지 새로운 약속을 약속하고 있기 때문이다. 움직이지 않는 낙원은 우리에게 영원한 권태이외에는 약속하는 것이 없다. 피뤼스가 휴식을 말하는 것은 그에게 상상력이 부족하기 때문이다. 일단 자기 집으로 돌아오면, 그는 사냥을 하고, 입법을 하며, 다시 전쟁터로 나갈 것이다. 만일 그가 실제로 휴식하려 든다면 하품밖에 할 일이 없을 것이다.

문학은 흔히 자기가 열망하던 목적에 도달한 인간이 느끼는 권태를 묘사한다. 그다음에는? 인간은 채워질 수 없는 존재이다. 유순하게 자기 몸 안에 짐을 차근차근 싣도록 내버려 두는 배船가 아니다. 모든 주어진 것을 지양하는 것, 그것이 바로 인간의 조건이다. 도달하자마자 인간의 충만성은 과거 속으로 떨어지고 만다. 발레리가 말하는 "영원히 미래인 구멍"을 쩍 벌려 놓은 채. 마르셀 아를랑Marcel Arland이나 자크 샤르돈느Jacques Chardonne 등이 우리에게 묘사해주는 저 정열적인 연인들이 바로 그러하다. 그들은 자기들의 사랑 한가운데 언제까지고 가만히 앉아있기를 바란다. 그러나 한적한 곳에서 오로지 사랑만 하다 보면 머지않아 절망적으로 지루해진다. "행복이란 고작 이런 것인가!" 라고 『낯선 고장』의 여주인공은 말한다.

모든 대상, 모든 순간은 그것이 직접적인 현존으로 환원되면 그 실체가 너무나 하찮은 것임이 드러난다. 인간도 그 자체만으로는 하찮은 존재이다. 왜냐하면 그 자체의 존재가 아니라, 항상 더 높은, 그 이상의 존재를 추구하는 것이 인간이기 때문이다. 하나의 사랑을 경험한다는 것은 그 사랑 너머로 새로운 목적들, 즉 가정, 직업, 공통의 미래 등을 향하여 자신의 존재를 던지는 것이다.

인간이 기투企投인 이상, 인간의 행복은 인간의 쾌락과 마찬가지로 기획일 수밖에 없다. 행운을 잡은 사람은 곧 다른 행운을 잡으려고 한다. 파스칼이 정확하게 말했듯이, 사냥꾼이 흥미를 가진 것은 토끼가 아니라 사냥 그 자체이다. 자기가 그 안에서 살 생각도 없이 낙원에 들어가기 위해 투쟁하는 사람이 있다고 한다면, 그 사람의 그런 행위를 비난할 수 없다. 목적지는 길 저쪽 깊숙한 곳에 있을 경우에만 목적지일 수 있다. 목적지에 이르면 그곳은 곧 새로운 출발점이 된다.

사회주의자는 사회주의 국가의 출현을 바라고 있다. 그러나 만일 그런 국가가 처음부터 그에게 주어져 있다면 아마 그가 희망하는 것은 다른 것이었을 게다. 그런 국가에서 살면 그는 틀림없이 다른 목적을 생각해 냈을 것이다. 목적이라는 것은 언제나 하나의 노력의 방향이고 귀착점이다. 이 노력을 떠나서는 어떤 현실도 목적이 아니고, 단순히 앞지르기 위해 주어진 여건에 지나지 않는다. 이것은 세상에서 흔히 말하듯, 씨름만이 중요할 뿐 내기는 어떻게 되어도 상관없다는 뜻이 아니다. 왜냐하면 씨름은 내기를 위한 것이기 때문이다. 만일 씨름에 내기를 걸지 않는다면, 그때 씨름은 모든 의미, 모든 진실을 상실한다. 그렇게 되면 그것은 씨름이 아니라 멍청한 흙 밟기에 지나지 않을 것이다.

매사에 진지한 사람들은 계획이 목적을 변질시킬 수 있으므로 애초부터 계획을 목적에서부터 분리시켜 목적에 그 자체의 가치를 인정해야 한다고 주장한다. 그들은 가치라고 하는 것이 인간 이전에, 인간이 없이도 세계 안에 있다고 믿고, 인간은 그것을 잡기만 하면 된다고 생각한다. 그러나 이미 스피노자가, 그리고 이어서 헤겔이 결정적으로 이 가짜 객관성의 환영幻影을 추방했다. 그런데 가짜 주관성도 있다. 이것은 가짜 객관성의 대칭에서 그러나 비슷하게, 목적을 계획과 분리할 것을 주장하고 계획을 단순한 놀이나 기분풀이로 보려 한다. 이 주관성은 세계에 어떤 가치가 존재한다는 것 자체를 부정한다. 인간의 초월성을 부정하고 인간을 그의 유일한 내재성內在性으로 환원시키려 한다.

욕망하는 인간, 명석하게 기획하는 인간은 자신의 욕망 안에서 진지하다. 즉 그는 하나의 목적을 바라고 있고, 다른 모든 목적을 배제한 채 오로지 그 목적만을 바라고 있다. 그러나 그는 그 목적에 머무르거나 그것을 즐기기 위하여 그것을 바라는 것이 아니다. 그는 그 목적을 앞지르기 위하여 그 목적을 바라는 것이다. 모든 목적은 동시에 출발점이므로, 목적의 개념은 애매하다. 그렇다고 해서 이것이 목적을 목표로 설정하는 것을 방해하지는 않는다. 인간의 자유가 자리 잡는 것은 바로 이 권능 안에서이다.

냉소가humoriste에게 냉소를 허용하는 것이 바로 이 애매성이다. 자기 집으로 돌아오기 위하여 집을 떠나다니 피뤼스는 멍청한 사람 아닐까? 테니스 선수는 상대방이 공을 자신에게 되돌려 주기 위해서만 공을 쳐 주고, 스키 선수는 곧 다시 경사면을 미끄러져 내려가기 위해서만 경사면을 올라가다니, 역시 바보스러운 짓 아닐까? 목표는 사라지고, 연속적 목표들은 서로 모순되고, 기도企圖는 스스로를 파괴하면서만 목표를 달성한다.

그러나 냉소가는 여기서 궤변을 사용하고 있다. 그는 모든 인간의 활동을 기본적인 행동들로 해체하여 병치倂置하는데, 그렇게 해체된 행동의 요소들은 외견상 모순적인 것으로 보인다. 만일 그가 이 해체를 철저하게 밀고 가 순수한 순간을 발견했다면 모든 모순은 사라졌을 것이다. 그리하여 우리를 당황하게 하거나 놀라게 하지 않을 부정형의 어긋남과 순수한 우연성만 남을 것이다. 그런데 그는 속임수를 쓰고 있다. 그는 자신이 그 전체적인 의미를 인정하지 않는 총체의 한가운데에 서로 대립적인 부분들의 의미를 유지시키고 있는 것이다.

스키 선수는 오로지 내려가기 위해 올라간다고 사람들은 말한다. 그러나 그가 올라가고 내려가는 것은 단순히 오르락내리락하는 운동을 아무렇게나 추가하는 것이 아니라 산꼭대기 혹은 계곡의 바닥을 목표로 하는 행위인 것이다. 그러므로 그는 종합적 의미들의 존재를 인정하고 있으며, 그의 행위의 모든 요소들은 그 의미들을 향하여 스스로를 초월하고 있는 것이다. 모든 사람의 오르내림은 산보나 운동을 위한 초월적 행위인데, 이와 같은 좀 더 넓은 총체의 관념을 배척하는 것은 너무 자의적인 결정이다. 결정을 내리는 것은 스키를 타는 사람이지 냉소가가 아니다.

피뤼스가 집으로 되돌아오기 위해서만 길을 떠났다면 물론 바보 같은 일일 것이다. 그러나 여기에 이런 한계를 도입한 것은 바로 냉소가였다. 그에게는 피뤼스의 계획을 피뤼스가 중지한 지점보다 더 멀리 연장할 권리가 없다. 피뤼스는 돌아오기 위해 출발한 것이 아니라 정복하기 위해 떠난 것이다. 이 기도는 모순되지 않는다. 기획은 정확히 그 기획이 정하는 그대로의 모습이다. 기획은 스스로에게 부여한 의미를 가지고 있다. 밖에서 그것을 결정해 줄 수는 없다. 기획은 모순적이 아니고 존재하는 순간 가능하고 논리적인 것이 된다. 다시 말해 하나의 인간이 그것을 존재시키자마자 그것은 존재한다.

그러니까 인간의 지혜란 폐쇄적으로 웅크리고 있는 자세가 아니다. 자기 제자들에게 꼼짝 말고 아무 일도 하지 말 것을 권고하는 현자賢者는 그런 권고를 함으로써 자신이 그 권고를 위배하고 있다. 정말 자기 논리에 충실하려면 그 자신도 아무 일을 하지 않은 채 잠자코 있어야만 한다. 제자를 만들려고도 하지 말아야 한다. 에피쿠로스는 아무것도 하지 않는 고요한 삶을 설파했지만, 그 자신은 설교를 함으로써 뭔가를 하고 있었다. 설교의 필요성을 설교했고, 우정友情을 설교했다.

　　스토아학파 철학자도 그저 한가롭게 무심한 자유 속에서 유유자적하고 있었던 게 아니다. 그는 사람들에게 그들의 자유가 강한 힘을 갖고 있다는 것을 가르쳤다. 이 현자가 비록 침묵의 가치를 큰소리로 외치지는 않았다 해도, 그는 결코 자기 자신 속에 가만히 머물러 있었던 것은 아니다. 그리고 또한 자기 주위 세계를 무관심 속에 내버려 두었던 것도 아니다. 물론 그는 음식을 먹거나 먹지 않는 일에 무관심했고, 제국의 통치 같은 것에도 관심이 없었으며, 통 속에서 살든 말든 역시 아무 관심이 없었다. 그렇더라도 그는 어느 하나를 선택해야 했다. 먹든가 먹지 않든가, 군림하든가 자리를 버리든가 중에서 어느 하나를 결정해야만 한다.

　　모든 회심回心의 기만적인 성격이 여기에 있다. 한 사람이 자신의 초월적 운동을 헛된 일로 규정한다. 그렇게 하지 않을 도리가 없다. 시간이 계속 흐른다. 순간들은 그를 자꾸 앞으로 밀어낸다. 그렇게 그는 현자가 된다. 그럼 이제 그는 무엇을 해야 할까? 비록 그 상황이 부조리하다고 판단되더라도, 그는 그냥 산다. 마치 제논*이 무슨 말을 하든 언제나 거북을 따라잡고 있는 아킬레우스처럼.

모든 사람은 각자 세계에서 자기가 차지할 장소를 결정한다. 단 그 속에서 하나의 자리만을 차지해야 한다. 그는 결코 거기서 물러설 수 없다. 현자도 사람들 속의 한 인간이다. 그리고 그의 현명함도 그 자신의 기투일 뿐이다.

---

*Zenon: BC 5세기 희랍의 철학자. 아킬레우스와 거북이의 경주에서 아킬레우스는 영원히 거북을 따라잡지 못한다는 "제논의 역설"로 유명하다.

무한無限

그러니까 캉디드가 왜 자기 뜰에 한계를 정할 것인가? 인간은 언제나 다른 곳에 있는 존재라면, 그는 어찌하여 도처에 없는 것일까? 아마 세계의 끝까지 간다면, 그제서야 그는 자신을 한없이 작게 만들면서 찾고 있던 휴식을 알게 될 것이다. 만일 내가 도처에 있다면 나는 어디로 가야 할까? 여기서 운동은 확실히 소멸되어, 마치 나는 어디에도 없는 것 같은 상태가 된다.

"그 아이가 네 형제는 아니잖아"라고 부모들은 감성적인 아들에게 말한다. 그들은 또 이렇게 덧붙인다. "평생 울고 있을 수만은 없어. 세상에서 매일 수천 명의 아이들이 죽으니까." 평생 울면 안 되는데, 왜 5분간 우는 건 괜찮을까? 모든 아이들을 위해 울어서는 안 되고, 왜 이 한 명의 아이를 위해서 우는 것은 괜찮을까? 모든 사람이 우리의 형제라면, 애당초 어떤 특정한 인간도 우리의 형제는 아니다.

나를 세계와 연결하는 유대를 무한히 증가시키는 것은 결국이 특정한 순간, 지구 상의 이 특정한 한구석과 나를 관련시키는 유대를 부인하는 것이다. 나는 더 이상 조국도 친구도 부모도 없게 된다. 모든 형태는 사라지고, 더 이상 절대적인 부재不在와 구별되지 않는 보편적인 배경 속으로 흡수된다. 여기에 더 이상 욕망, 두려움, 불행, 기쁨은 없다. 어느 하나도 내 것이 아니다. 영원은 순간과 접합된다. 그것은 언제나 똑같은 사실성이고, 언제나 똑같은 텅 빈 내면성이다.

세상을 부정하고 자기의 초월성을 부인하는 신경쇠약 환자가 세계의 무한성의 관념에 자주 괴로움을 당한다는 것은 결코 우연이 아니다. 한 개의 바늘, 한 장의 전철 표는 그에게 세상의 모든 바늘, 세상의 모든 전철 표를 꿈꾸게 한다. 현기증을 일으키는 이 다수성多數性에 눈이 부셔, 그는 자기의 바늘이나 자기의 전철 표를 사용하지 않는 채 부동不動의 자세로 머물러 있을 것이다.

이 두 갈래 길이 스토아 철학에서 어떻게 합쳐지는지를 우리는 잘 알고 있다. 만일 현자가 자신의 존재를 마치 자기 몸 위에 떨어지는 물줄기의 분출로 생각한다면, 즉 다시 떨어지기 위해서만 위로 솟구치는 물로 생각한다면, 그는 제 자리로 되돌아오기 위해서만 기투를 하는 존재가 될 것이며, 이 존재는 우주의 하모니와 완전히 일치할 것이다. 나의 외부에는 아무것도 없으므로 운명은 결코 나를 장악할 수 없다. 그리하여 나의 자아는 보편의 한가운데에서 소멸한다. 세상 끝까지 무한히 연장된 나의 존재는 마치 아무런 차원이 없는 하나의 점點처럼 완전히 소멸해 버릴 것이다.

그러나 나를 보편과 동일시하려는 이 노력은 곧 모순임이 드러난다. 내가 어떤 것을 보편이라고 확인하는 것은 불가능한 일이다. 왜냐하면 확인하는 사람이 바로 나이기 때문이다. 확인하면서 나는 나의 존재를 만든다. 존재하는 것은 나이다. 나는 나와 다른 것 쪽을 향함으로써 나와 그것 사이를 구분한다. 나의 현전은 존재한다. 나의 현전은 자신을 흡수한 그 무관심한 덩어리의 통일성과 연속성을 단절시킨다.

스피노자의 실존은 스피노자 사상의 진리를 부인한다. 아무리 헤겔이 큰 소리로, 개체성은 만물생성萬物生成의 한순간에 지나지 않는다고 선언해 봤자 소용없다. 지양되지 않는 한, 그 순간은 아무런 실체가 없다. 그것은 외형만이라도 존재할 수 없고, 명명命名조차 되지 않는다. 만일 거기에 문제가 제기 되면, 그때 그 문제가 그것에 하나의 진실, 즉 모든 지양에 반대하여 자기를 확립하는 그런 진실을 부여한다.

만물 한가운데에 있는 인간의 진실, 또는 태양의 진실이 무엇이든 간에, 인간이 보는 태양의 외관은 언제나 확고부동한 불변의 모습이다. 인간은 자기 자신의 현존으로부터 도망칠 수 없고, 또 그의 현존 주위에 나타나는 특수한 세계의 현존으로부터도 도망칠 수 없다. 인간이 땅에서 아무리 자기 몸을 빼내려 해도 그는 더욱더 땅속으로 몸이 빠질 뿐이다. 스피노자의 사상이 스피노자를 정의하고 헤겔의 사상이 헤겔을 정의한다.

플로베르Gustave Flaubert는 실제로 다음과 같이 말했을 때 자신이 보편에 합류했다고 믿었다. 즉 "나는 왜 고대의 노예보다 오히려 오늘날의 프롤레타리아에게 더 관심을 가져야 하는가?" 그러나 이 말로 그는 자기의 시대나 자신의 계급으로부터 탈출한 것이 아니다. 오히려 그는, 재산, 여가, 허영 때문에 자기 시대와 연대를 느끼지 못하는 19세기의 전형적인 부르주아의 모습을 노정露呈했을 뿐이다.

인간은 자기의 존재를 끝없이 축소시킬 수도 없고, 무한히 팽창시킬 수도 없다. 그는 한순간도 가만히 있을 수 없다. 인간을 그 어디로도 인도하지 않는 이 운동은 도대체 무엇일까? 인간은 사변의 질서 속에서와 마찬가지로 행동의 세계에서도 이율배반을 발견한다. 즉 초월성이 끊임없는 앞지르기인 이상 어떤 정지停止도 불가능하다. 그러나 무한정의 기투는, 그것이 아무 데에도 도달하지 못한다는 점에서 부조리하기 짝이 없다. 여기서 인간은 사변적 사유가 요구하는 어떤 이상적인 상태, 즉 무조건적인 신神과 똑같은 상태를 꿈꾸게 된다. 그리하여 인간은 자기 행위의 무조건적인 종말을 요구한다. 다시 말해 추월되지 않는 최종적인 종말을 요구한다. 그것은 무한임과 동시에 달성된 종말이어서, 그 안에서 인간의 초월성은 스스로를 한정함이 없이 언제나 재개될 수 있다는 것이다. 그러나 인간은 무한無

限과 동일시 될 수 없다. 오로지 자신의 개별 상황 속에서만 인간은 그 자신이 된다.

無限 無限

신神

"신이 원하는 바이다." 이 짧은 말이 십자군 병사들을 시네아스의 질문들로부터 지켜주었다. 피뤼스의 원정遠征이 그러했듯이, 만일 신이 원하는 일이라면 기독교 전사들의 원정 또한 무위無爲의 일이 아닐 것이다. 인간은 신의 의지를 앞지르지 않는다. 신 너머에는 아무것도 없으므로, 인간은 신 안에서만 자기 노력의 절대적 목적을 찾을 수 있다. 신성한 존재의 필요성은 결국 신에 귀착되는 행위에 이르게 된다. 그리고 그것이 영구히 그들의 행위를 구원하여 준다. 그런데 신은 도대체 무엇을 바라는가?

만일 신이 존재의 영속성이고 존재의 충만성이라고 한다면, 신에게 있어서는 기획과 현실 사이에 어떤 간격도 없을 것이다. 신이 바라는 것은 이미 존재하고 있고, 그는 그 존재를 원하고 있다. 신의 의지는 존재의 부동성不動性의 토대이다. 만일 신의 의지조차 의지라고 부를 수 있다면 말이다. 그러한 신은 개별적 개인이 아니다. 그는 보편이고, 변함이 없는 영원한 전체이다. 그리고 보편은 침묵이다. 그것은 아무것도 요구하지 않는다. 아무

약속도 하지 않는다. 어떤 희생도 강요하지 않는다. 징벌도 보수도 주지 않는다. 아무것도 정당화해주지 않고 유죄선고를 내리지도 않는다. 신에 대해 우리는 낙관도 절망도 하지 않는다. 신은 그저 존재할 뿐, 그 이상 그에 대해 아무 말도 할 수 없다. 그 존재의 완벽함은 인간에게 어떤 여지도 남겨주지 않는다. 어떤 대상을 향해 자기를 초월하는 것은 그 대상을 정립하는 일이다. 그러나 이미 **존재하고 있는 것**을 어떻게 새로 정립할 수 있는가?

　　신이 완전히 주어져 있지만, 인간은 신을 향해 자신을 초월하지 못한다. 인간은 존재의 표면 위에 있는 무관심한 우연성에 불과하다. 이 지상에서, 인간은 마치 사막에서 길을 잃은 탐험가와 같다. 오른쪽 혹은 왼쪽 어디나 자기 좋은 데로 갈 수 있다. 다시 말하면 그는 어디에도 못 간다. 모래는 그의 발자국을 무심하게 지워 버린다. 인간이 자기 행동에 어떤 의의를 부여하고 싶다면, 이 무관심하고 완결된 비인격신非人格神에 의지해서는 안 될 것이다. 인간의 좌우명은 결국 텔렘므 수도원* 건물 합각合閣머리에 걸린 "네가 원하는 일을 하라"가 되어야 할 것이다. 만일 신이 이 세상에 존재하는 모든 것을 소원한다면, 인간은 무엇이든 제멋대로 행동해도 될 것이다. "신의 손안에 있으면, 사람은 자기가 무엇을 해야 할지 전혀 걱정하지 않아도 된다. 자기가 한 것에 대해 후회할 필요도 없다"고 12세기 아말리

*라블레의 가르강뛰아에 나오는 수도원.

크**파의 이교도들은 말하였다. 그리고 그들은 주지육림酒池肉林에서 삶을 헛되이 보냈다.

교회는 요란한 의식儀式 속에서 아말리크파 교도들을 태워 죽였다. 그럼에도 가톨릭의 한 자연주의파는 온 세계에 신의 은총을 전하려 애쓰고 있다. 예를 들면 우리는 클로델 같은 사람에게서 그 메아리를 발견한다. 모든 것은 신神에게서 나오므로 세상의 모든 것이 선善이라고 그들은 말한다. 인간은 이 지상에서 몸을 피해서는 안 되고, 더구나 자기 안에서 이 본원적 목적을 변질시킨다는 것은 매우 어려운 일이라는 것이다. 왜냐하면 인간은 신의 피조물이기 때문이다.

존재하는 모든 것이 선이라면, 악을 저지르는 일이 오히려 더 어렵게 된다. 그러나 정통 기독교 교도는 그런 극단적인 생각에까지 이르지는 않는다. "아, 부인!" 세속적이고 식탐 많은 한 사제가 식탁에 앉으면서 말했다. "하느님이 이처럼 맛있는 것을 모두 발명하셨다면, 우리가 그것들을 먹는 것까지도 원하지 않으셨겠습니까?" 그런데 그는 신이 여자를 발명한 것은 조심스럽게 모른 척하고 있다. 계란 반숙에 버터를 바르는 건 말도 안 된다고 화를 내며 거절한 한 늙은 부인이 있었다. "저는 하느님이 만드신 그대로 먹겠어요." 그러면서 그녀는 소금 그릇으로 손을 뻗었다.

"우리가 신에게 기도하는 것은 그의 업적 전부를 포함해서

**Amalric: 12세기 예루살렘의 왕.

이다! 신이 하는 일은 무엇 하나 무익한 것이 없다. 우리들의 구원과 상관없는 것은 아무것도 없다"고 클로델은 썼다. 신의 업적이 전부 선하다는 것은, 그것 전체가 인간의 구원에 유용하기 때문이다. 따라서 그것은 그 자체가 목적이 아니라 수단이다. 수단이란 우리가 그것을 사용할 때 존재의 정당성을 얻는 어떤 것이다. 그렇다면 멜론은 집안 식구들이 함께 먹기 위하여 발명된 과일이라는 사실을 우리는 어떻게 아는가? 아마 그것은 사람에게 먹히기 위해 발명된 것이 아닐 수도 있다.

세속의 부富는 인간이 그것을 거부할 수 있을 때에만 매력적인 것이 된다. 그래서 아씨씨의 성聖 프란시스코saint François d'Assise는 이 세상에 대해 고즈넉한 미소만 지었을 뿐, 그것을 향유하지는 않았다. "모든 것에 대해 당신은 찬양만 하십니다"라고 클로델의 『비단 구두』 속에서 고고학자는 나폴리의 부왕副王에게 말했다. "그러면서 그중의 어떤 물건도 쓰시지 않으니, 저는 슬퍼집니다"라고 말했다. 그러나 부왕은 자기가 쓰지 않는 그런 부富를 타인에게 주었다. 물건을 남에게 준다는 것은 그 물건을 사용하는 또 하나의 방법이다. 고행苦行은 쾌락의 또 다른 형태이다. 무엇을 하든 인간은 지상의 부를 사용한다. 인간이 자신의 속죄나 파멸을 완수하는 것도 이 지상의 부를 통해서이다. 그러므로 그것을 어떻게 사용할지 정하지 않으면 안 된다. 자기의 결정은 사물 속에 기입되어 있지 않다. 왜냐하면 모든 사용은 지양이고, 지양은 어디서도 그냥 주어져 있는 것이 아니기 때문이다. 사용은 선험적으로 존재하고 있는 것이 아니라 앞으로 정해야 하는 문제이다. 그렇다면 그것은 어떤 모습으로 존재해야 할까?

사물의 사용은 신의 의지에 합치해야 한다고 기독교 신자는 말한다.

그래서 그는 모든 자연주의를 포기한다. 덕德 이외에는 아무것도 선善이 아니다. 악은 죄이다. 그리고 덕은 신의 요구에 복종하는 것이다. 그러므로 신 안에는 요구가 들어 있다. 신은 인간이 자기에게 몸을 맡기기를 기다리고 있다. 신이 인간을 창조한 것은 미리 주어진 자로서가 아니고, 창조자의 욕망에 따라 자기의 존재를 성취시킬 수 있는 존재로서이다. 신의 의지는 그러므로 인간의 자유에 호소하는 것으로서 나타난다. 신의 의지는, 앞으로 반드시 있어야 하지만 아직 존재하고 있지 않은, 어떤 것을 요구한다.

그렇다면 신의 의지는 바로 기투가 아닌가. 앞으로 있어야 할, 그러나 아직은 있지 않은 한 존재의 초월성이니 말이다. 이제 비로소 신과 인간과의 관계가 이해된다. 신이 앞으로 있어야 할 모든 것이 아니므로, 인간은 그것을 설정할 수 있다. 그는 세계 속에서 자기 자리를 발견하고, 신과 대면하는 자신의 위치를 정한다. 그리하여 인간에 대한 신의 위치가 드러난다. 독일의 신비론자 앙겔루스 실레시우스Angelus Silesius의 다음과 같은 글이 이것을 잘 설명해 준다. "내가 신을 필요로 하듯이, 신은 나를 필요로 한다." 이 경우 기독교도는 인격적이고 살아있는 신 앞에 있는 셈이어서, 그 신에 대해 어떤 행동도 할 수 있다. 이럴 경우 신은 이제 더 이상 절대絶對가 아니고 보편도 아니다. 헤겔이 말하는 가짜 무한성無限性이다. 헤겔은 마치 유한성이 자기와 아무 상관 없다는 듯, 그렇게 유한성을 자기 앞에 존속시키고 있었다. 신은 이제 인간에게 있어서 이웃집 아저씨 같은 존재이다.

이렇게 한정된 개별적 신이라면 아마도 인간의 초월성의 열망을 충족시켜 줄 것이다. 실제로 그는 구상적具象的이고, 완성되어 있고, 자기 속에 웅크리고 있는 존재일 것이다. 왜냐하면 그는 실존하고 있고, 또 동시에 무한히 열려 있기 때문이다. 그의 실존은 끊임없는 초월일 것이다. 그러나 그 자신이 영원한 지양성이므로, 그 자신은 지양되지 않을 것이다. 인간은 결코 신의 초월성을 초월함이 없이 다만 그것을 따라갈 수밖에 없다. 내가 신의 의지를 완수하고 나면, 새로운 의지가 와서 나를 덥석 문다. 그러므로 나는 "이다음은?"이라고 말할 필요도 없다.

다만 신의 의지는 더 이상 사물 속에 기입되어 있지 않다. 왜냐하면 그것은 존재하고 있는 것의 의지가 아니라, 존재해야 할 것의 의지이기 때문이다. 그것은 더 이상 모든 것의 의지도 아니다. 인간은 이 의지의 특수한 양상을 알아내야만 한다. 신의 의지를 인간 자신도 원하고 있다는, 이 완전히 형식적인 결심만으로 인간은 어떤 행위를 할 수 없다. 신을 믿지 않는 사람들을 학살하거나, 이교도를 화형에 처하거나, 혹은 이교도의 신앙을 용서하거나 하는 일들이 모두 신의 의지일까? 전쟁에 나가거나 강화를 맺는 것도? 신은 자본주의 혹은 사회주의를 원하고 있을까? 영원한 의지의 현세적現世的이고 인간적인 면모란 대체 어떤 모양을 하고 있을까? 인간은 신 안에서 자신을 초월한다고 주장한다. 그런데 초월이란 내재성의 한가운데에서만 가능한 것 아닌가. 인간의 대속代贖이 이루어지는 것은 지상에서이다. 지상의 여러 기획 중에서 과연 어떤 기획이 인간을 하늘 위로 올려 보낼 수 있을까?

"신의 목소리에 귀를 기울이자"고 신자는 말한다. "신 자신이 우리에게 기대하는 바를 말해 줄 것이다." 그러나 이런 희망은 너무 순진하다. 신이 자신을 나타낼 수 있는 것은 오로지 지상의 목소리를 통해서이다. 왜냐하면 우리는 지상의 목소리 이외에는 들을 수 없기 때문이다. 하지만 그 목소리가 신의 것이라는 것을 어떻게 알 것인가? 환각幻覺에 사로잡힌 한 여자에게 신비한 음파로 그녀에게 말을 하는 상대가 누구냐고 물었다. 그랬더니 그녀가 신중하게 말했다. "자기가 신이라고 그 사람이 말했어요. 나로서는 알 수가 없죠."

모세도 불타는 떨기나무에서 들려오는 소리, 혹은 시나이 산 위에서 울려 퍼지는 목소리에 이와 같은 의구심을 가졌을 것이다. 구름에서, 교회에서, 고백신부의 입에서 목소리가 나오더라도 초월자가 자기를 나타내려면 그것은 언제나 현세에 있는 내재적 현존을 통해서이다. 그의 초월성은 항상 우리를 벗어난다. 내가 듣는 저 명령은 내 마음속에서조차 애매하다. 키르케고르Kierkegaard가 『두려움과 전율』에서 쓴 아브라함의 두려움의 원천이 바로 그것이다. 그것이 악마의 유혹인지 혹은 내 자만심의 유혹인지 누가 알겠는가?

카프카가 『성城』에서 말하고 있는 것 역시 이 불확실성이다. 주인공은 편지를 받았고, 실제로 그 편지를 전달한 사람조차 보았다. 그러나 그 전달자는 사기꾼이 아닐까? 그 전달자 자신이 편지를 보낸 사람을 알고 있기나 하는 것일까? 혹은 오는 도중에 전달할 내용의 반 이상을 잊어버린 것은 아닐까? 그가 내게 전해준 편지는 과연 진짜일까? 그리고 그것의 의미는 무엇일까? 메시아는 자기가 메시아라고 말한다. 가짜 메시아도 역시 같은 말을 한다. 진위眞僞의 감정을 누가 할 수 있는가?

업적에 따라 분간할 수밖에 없다. 그러나 그들의 업적이 좋은지 나쁜지는 또 어떻게 결정할 수 있는가? 인간에게 유익한 것인지 아닌지의 잣대로 우리는 판가름한다. 신의 초월성으로 자기의 정당함을 증명하려는 모든 도덕이 이런 식으로 전개된다. 즉 이 도덕은 우선 인간의 유익함을 설정한 후, 인간에게 유익하므로 이것은 신이 원하는 바, 라고 단언한다.

우리는 무질서보다는 질서를 선호해야 한다고 클로델은 말한다. 왜냐하면 질서는 존재인데 반해, 무질서는 존재의 부정이기 때문이라고 했다. 우리가 질서를 신의 섭리와 합치한다고 말하는 것은 질서 그 자체가 무질서보다 뛰어나기 때문이다. 그러나 이미 스피노자와 베르그손도 말했듯이, 질서를 질서처럼 보이게 하는 것은 인간의 견해에 불과하다는 것을 클로델은 잊고 있다. 클로델의 질서는 신의 질서인가?

부르주아의 질서가 있고, 사회주의자의 질서가 있고, 민주주의자의 질서가 있으며, 파시스트의 질서가 있다. 그 반대자의 눈에는 어느 것이나 무질서이다. 모든 사회는 언제나 자기 나름의 신을 가지고 있다고 주장한다. 그 어떤 사회도 자기의 틀에 맞추어 신을 다시 만든다. 말을 하는 것은 사회이지, 신이 아니다. 그러나 만일 나 자신에게 묻기 위하여 자신을 돌아본다면, 나에게는 내 마음의 소리밖에 들리지 않는다. 가톨릭교회와 개인주의적 프로테스탄트들이 상대방을 서로 비난하는 것은 당연하다. 그들은 상대 교파가 개인의 신앙심에 불과한 것을 신의 계시로 생각하는 것이 부당하다고 말한다.

우리의 외부에서와 마찬가지로, 내부에서도 우리가 만나는 것은 하느님 자신이 아니다. 땅에 그려진 표시는 그 어떤 천상天上의 표시도 아니다. 그것은 지상의 누군가가 그려놓은 것에 불과하기 때문이다. 인간은 신에 의해 자기를 해명할 수 없다. 오히려 신이 인간에 의해 해명된다. 신의 부름이 들리는 것은 사람을 통해서이다. 그리고 인간이 거기에 응답하는 것은 철저하게 인간적인 기획에 의해서이다. 그러므로 만일 신이 실존한다고 하더라도 인간의 초월성을 인도하기에는 너무나 무력하다. 인간은 오직 다른 인간들로 이루어진 상황 속에 놓여 있을 뿐이다. 하늘 저 깊은 곳에 신이 있건 말건 인간에게는 아무 상관이 없다.

인간

그러므로 인간 쪽으로 향해야 한다. 우리가 애초에 하늘에서 찾고 있던 저 절대적 목적을 우리는 인류 안에서 발견할 수 있지 않을까? 만일 우리가 인류를 폐쇄적으로 웅크려 있는 존재로 본다면, 또는 항구 불변의 균형 상태에 언젠가는 도달해야 할 것으로 본다면, 또 혹은 죽어서 소멸해야 할 것으로 본다면, 그때 우리는 인류를 초월하여 무無를 향해 나아가면서, 걱정스럽게 "그런데 그다음은?"이라고 물어볼 수 있다.

라포르그*처럼 지구를 침묵의 창공 속을 얼어붙은 채 회전하고 있는 둥근 공이라고 상상한다면, 우리는 이 지구에서 살고 있는 덧없는 동물 따위에 관심을 가질 필요가 없을 것이다. 그러나 이것이야말로 시인의, 학자의, 또는 사제의 생각일 뿐이다. 인류가 소멸할 것이라고 단언할만한 근거는 하나도 없다. 개개인의 인간은 반드시 죽지만 인류는 그렇지 않다는 것을 우리는 알고 있다. 죽지 않는다는 것은 그 어떤 단계에서도 멈추지 않

*Jules Laforgue: 프랑스 자유시 창시자의 한 사람. 지드에게 큰 영향을 끼쳤다.

는다는 것을 의미한다. 인류는 계속해서 끊임없이 그 자신을 지양해 갈 것이다.

그러나 하나의 세대가 다음 세대로 이어지는 것은 오로지 자기 차례가 되었을 때 소멸하기 위해서라면, 이 무한한 운행에 잠시 끼어드는 것이 과연 무슨 의미가 있는지, 참으로 부질없다는 생각이 들기도 한다. 우리의 초월성은 손에 잡히지 않는 시간의 질주 속에서 흩어질 것이기 때문이다. 그러나 인류는 단순히 이 끝없는 흩어짐만은 아니다. 인류는 살과 뼈로 된 인간들로 구성되어 있기 때문이다. 인류에게는 독특한 내력이 있고 정해진 면모가 있다. 우리가 안전하게 인류 쪽을 향하여 자신을 초월할 수 있기 위해서는, 그것이 개방된 것임과 동시에 폐쇄된 것으로서의 두 가지 양태를 제시하면서 우리 앞에 나타날 필요가 있다. 인류가 우리들을 통하여 자신의 존재를 실현하기 위해서는, 그리고 또 스스로 존재하기 위해서는, 자신의 존재로부터 분리되어 있을 필요가 있다.

우리에게 '인류' 예찬을 제의하는 사람들이 생각하는 인류의 모습이 바로 그것이다. 인류는 결코 완결된 것이 아니고, 끊임없이 미래를 향하여 기투한다. 인류는 끊임없이 스스로를 지양하는 존재이다. 인류는 끊임없이 우리를 부르고, 우리는 거기에 응답하지 않으면 안 된다. 인류에게는 끊임없이 채워야 할 하나의 구멍이 뚫린다. 개개의 인간들을 통하여 인류는 끊임없이 자신의 존재에 합류하려 한다. 그의 존재 자체가 성립되는 것이 바로 개개의 인간들 속에서이기 때문이다. 우리들의 초월성은 결코 인류를 지양할 수 없고 다만 함께 동반할 뿐이다. 인류는 매 순간 완전히 다시 포착된다. 왜냐하면 매 순간 '인류'는 거기 있으므로.

그렇다 하더라도 인류는 정말 있는 것일까? **하나의** 인류에 대해 이야기할 수 있을까? 물론 인간들의 총체에 하나의 집합명사를 부여하는 것은 언제라도 가능하다. 그러나 그것은, 마치 한 공간 속에 가득 들어있는 사물들을 볼 때처럼, 인간들을 그 외부에서 보는 것일 뿐이다. 이런 식으로 보면 이 집단은 지적 동물의 무리에 지나지 않을 것이다. 이처럼 자기 존재의 충만성 속에 응결된 이 소여는 우리와 아무 관계도 없다. 우리가 인류를 **위하여** 행동할 수 있기 위해서는 인류가 우리에게 무언가를 요구해야만 한다. 인류는 스스로를 실현하려 하는 총체성으로서의 통일성을 가질 필요가 있다.

인류가 이런 모습을 띠는 것은 연대성의 신화 속에서이다. 사지四肢와 위胃에 관한 저 유명한 우화寓話 이래 이따금 인간은 어떤 조직의 부분으로서 표시되어 왔다. 즉 사람은 어느 한 사람을 위해 일함으로써 만인을 위해 일하는 셈이 된다는 것이다. 여기서 자연경제가 존재하게 된다. 이 경제에 의하면 각 사람의 자리는 다른 모든 사람들의 자리에 따라 정해진다. 그러나 이것은 순전히 외재성의 차원에서 인간을 정의하는 것이다. 왜냐하면 세상에서 확정된 하나의 자리를 차지하려면 그 자신도 확정되어 있어야 하기 때문이다. 순전한 수동성인 것이다. 이러한 수동성에서 그는 자기 행위의 목적 같은 것을 문제 삼지 않을 것이고, 따라서 행동도 하지 않을 것이다.

그러나 인간은 행동하고 자신에게 묻기도 한다. 즉 그는 자유이고, 그의 자유는 내재성이다. 그러면 어떻게 그는 이 지상에 하나의 자리를 **가지게** 될까? 세계 속에 몸을 던짐으로써, 그리고 기투에 의해 다른 인간들 사이에 몸을 존재시킴으로써 그는 자리를 **차지**하게 된다.

때때로 청년은 번민한다. 이 충만성 속에 어떻게 자신을 밀어 넣을 수 있을까? 바다는 한 방울의 물도 부족하지 않다. 그가 태어나기 이전에도 인류는 이처럼 가득 찬 충만성이었다. 그가 죽더라도 여전히 그것은 충만성일 것이다. 그는 인류를 감소시킬 수도 없고 증가시킬 수도 없다. 그것은 점點이 선線의 길이를 연장시킬 수 없는 것과 같다. 그는 자기가 정밀기계 속의 톱니바퀴 노릇을 하고 있다는 생각을 하지 못한다. 그렇기는커녕, 세상의 어떤 한구석도 그에게 할당된 것은 없다고 느낀다. 즉 그는 도처에서 잉여剩餘인 것이다. 그가 채워야 할 자리가 그를 기다리며 하나의 부재不在로서 미리 움푹하게 패 있는 것도 아니다. 그는 그냥 우선 그리로 왔다. 부재는 현존에 선행하지 않는다. 무無에 앞서 존재가 있다. 그리고 존재의 한가운데에 공허空虛void

와 결핍缺乏lack이 출현하는 것은 다만 인간의 자유에 의해서이다.＊

인간들은 매 순간 자기 주변에 이 공허를 출현시킨다. 앞으로 올 충만성을 향하여, 그리고 소여를 초월하면서 그들은 현재를 하나의 결핍으로 규정한다. 그들은 언제나 무언가 새로운 것을 기다리고 있다. 새로운 부, 새로운 기술, 사회 개혁, 새로운 인간 등. 그리고 청년들의 주위에서는 더욱 구체적인 동원령이 내려진다. 해마다 약간 명의 공무원이, 의사가, 조정관이 필요하다. 세계는 일손이 **부족하다.** 청년들은 이런 빈자리 중의 하나에 들어갈 수 있다. 그러나 자기에게 안성맞춤으로 마련된 빈자리란 하나도 없다. 청년은 사람들이 기다리고 있는 그 새로운 사람 중의 하나가 될 수 있다. 그런데 사람들이 기다리고 있던 새로운 사람은 그가 아니다. 아무나 다른 사람이 와도 충분히 그 일을 할 수 있다. 각 사람이 차지하고 있는 자리는 언제나 남의 자리이다. 자기가 먹고 있는 빵은 항상 다른 사람의 빵이다.

더구나, 가령 사람들이 내게 일자리를 하나 줄 것이라고 기대한다 해도 나는 어디에 정착해야 할지 알 수가 없다. 아마 그 사람들도 서로 의견이 일치되지 않을 것이다. 어떤 나라는 인구가 부족하다. 그러나 자기 나라에 인구가 부족하다고 결정하는 것은 바로 그 나라이다. 이웃 나라의 눈에는 그 나라가 인구 과잉으로 보인다. 한 사회는 한결같은 모습으로 지속되기 위해 공

＊J. P. 사르트르, 『존재와 무』 38쪽 및 이하 참조.

무원들을 필요로 한다. 그런데 혁명은 그 사회를 뒤집어엎을 투사鬪士를 필요로 한다. 이처럼 하나의 인간은 다른 사람들에 대해 하나의 여건이 됨으로써만 지상에서 자기의 자리를 발견할 수 있다. 그런데 모든 여건은 반드시 지양되도록 되어 있다. 사람은 그것을 사용하거나 혹은 공박함으로써 그것을 지양한다. 나는 어떤 사람들의 장애물이 되지 않고는 또 다른 사람들의 도구가 될 수 없다. 그들 모두에게 봉사하는 것은 불가능하다.

전쟁, 실업 및 경제위기 등은 인간들 사이에 예정된 조화가 하나도 없음을 잘 보여준다. 처음부터 사람들은 서로 기대고 의지하고 있지 않다. 왜냐하면 처음부터 그들은 **존재**하고 있는 것이 아니기 때문이다. 그들은 스스로의 존재를 만들어가야 할 존재다. 각각의 자유들은 통일되어 있는 것도, 서로 대립되어 있는 것도 아니다. 다만 분리되어 있을 뿐이다. 하나의 인간이 자기 주변에 다른 인간들의 위치를 잡아줌으로써 자기 위치를 정하는 것은 세계 속에 자신을 기투함으로써다. 그리하여 연대관계가 만들어진다.

그러나 한 인간은 다른 모든 인간들과 두루 연대관계를 맺을 수는 없다. 왜냐하면 그들의 선택이 자유인 이상, 그들 모두가 같은 목적을 선택할 수는 없기 때문이다. 만일 내가 프롤레타리아에 봉사하기로 한다면 나는 자본주의와 싸운다. 군인은 자기의 적을 죽임으로써 자기 나라를 보호한다. 계급이나 국가가 어떤 통일된 성격으로 정의定義되는 것은 그들이 공동의 적을 갖고 있기 때문이다. 자본주의에 대한 투쟁이 없다면 무산계급이라는 것은 있을 수 없다. 하나의 국가는 오로지 국경이 있기 때문에 존재하는 것이다. 대립을 제거한다면 총체성은 해체될 것이다. 그 집단은 뿔뿔이 흩어진 다수의 개인들 이외의 아무것도 아닐 것이다.

사람은 무산계급을 위해 자신의 몸을 바쳐 일하면서 동시에 인류 전체를 위해 일할 수는 없다. 왜냐하면 무산계급을 위해 투쟁하는 유일한 방법은, 무산계급과 함께, 무산계급 이외의 인류에 대항하여, 어떤 기획을 추진하는 일이기 때문이다. 무산계급과 더불어 일한다는 것이 계급의 차이가 없어질 미래의 인류를 향하여 하는 일이라고도 말할 수 있겠다. 하지만 그러려면 우선 오늘날의 자본가로부터 한 세대 혹은 수 세대에 걸쳐 재산을 빼앗아야만 할 것이다. 그러므로 우리가 어떤 사람들을 위하여 일한다고 하는 것은 언제나 그 이외의 사람들에 반反하여 일하는 것이다.

그렇다 하더라도, 이와 같은 대립 너머로 더 높은 화해를 미리 앞당겨 실현시킬 수는 없을까? 개별적인 희생들 그 자체가 보편적 역사 속에서 중요한 자리를 차지할 수는 없는 것일까? 이런 희망의 반짝임으로 우리를 유혹하는 것이 바로 진보의 신화神話다. 이 신화는 시간적인 분산을 통해 인류 통일을 완수할 것을 약속한다. 여기서 초월성은 진보의 양상을 띤다.

각각의 사람 속에, 각각의 행위 속에 인류의 모든 과거가 기입되어 있다. 우리는 이 과거를 넘어서 미래 쪽으로 향한다. 발명가는 낡은 기술을 바탕으로 새로운 기술을 발명하고, 다음 세대는 또 이것을 발판으로 삼아 더 좋은 기술을 발명한다. 발명가는 미래의 인류 안에서 자기 기획의 성공을 축하하게 된다. 미래 인류는 오로지 그에게 의존함으로써만 그를 넘어설 수 있다. "우리들 뒤에 태어나는 사람들은 우리들 덕택에 우리까지의 어떤 역사보다 더 높은 역사에 속하게 될 것이다"라고 니체는 『음유시』에서 썼다. 이런 식으로 인간의 초월성은 매 순간 온전하게 포착된다. 왜냐하면 매 순간에는 선행先行의 순간들이 보존되어 있기 때문이다. 인간의 초월성은 그들 순간의 어느 하나에서도 응결되는 일이 없다. 왜냐하면 진보란 항상 서로서로 이어지는 것이기 때문이다.

진보의 관념만이 인간의 연속성을 전제로 한다. 예를 들어 창공 속의 음파音波처럼 하나의 행위가 시간 속에서 연장되기 위해서는, 각인各人들에게 인류는 유순하고 수동적인 환경이 되어야만 할 것이다. 그러나 그렇다면 인간은 왜 군이 행동하겠는가?

나의 아들이 저항 없이 나를 따르는 이미 결정된 존재라고 한다면, 나 또한 아무런 행동도 하지 않는 결정된 존재일 것이다. 그런데 내가 자유라면 나의 아들 또한 자유이다. 그렇다면,

나의 행위가 후세대들에게 전달되는 것은, 마치 조용한 수면 위로 미끄러지는 듯한 방식은 아닐 것이다. 다른 사람들이 행동하는 것은 나의 행위를 밟고 서서이다. 인류는 주관성 때문에 숙명적으로 고립되어 있는 자유로운 인간들의 단속斷續적 연속이다.

세계에 던져진 하나의 행위는 그러므로 고전적 물리학의 파동波動처럼 무한無限까지 퍼지지는 않는다. 오히려, 새로운 파동역학波動力學이 제시하는 이미지가 여기서는 더 적합한 것 같다. 한 실험은 확률파確率波와 그 전달 방정식을 확정할 수 있다는 가설을 내놓았다. 그러나 그 실험은, 세계 속에 새로운 소여들을 투입하고, 그 새로운 소여들에서부터 새로운 파장을 구축하는 후속 실험을 예견하지는 않았다.

행위는 우리가 그것을 완료하는 순간에 머물지 않고 미래를 향하여 우리들로부터 달아난다. 그러나 곧 낯선 의식들에 의해 다시 사로잡힌다. 타인에게 있어서 내 행위는 맹목적 속박이 아니라 지양해야 할 여건이다. 그리고 그것을 지양하는 것은 타인이지 내가 아니다. 이 응결된 행위로부터 타인은 내가 그려 놓지 않은 미래 속으로 자기 자신을 던진다. 타인에게 있어서 나의 행동은, 그가 그것을 가지고 무엇을 어떻게 하느냐에 따라 달라진다. 게다가 나 자신도 내가 하는 일을 미리 알 수 없다.

나는 내일의 사람들을 위하여 현재의 집을 짓는다. 아마 그 사람들이 그 집 안에서 살 것이다. 그러나 이 집은 또한, 그들이 미래에 집을 지르려 할 때 방해가 될 수도 있다. 그대로 참고 살거나, 아니면 집을 헐거나, 또 혹은 살다가 그 집이 저절로 허물어질 수도 있다. 내가 아이를 하나 낳는다면, 그 아이는 나쁜 사람이 될 수도 있고, 폭군이 될 수도 있다. 그것을 결정하는 것은 그 아이이다. 그리고 그 아이들의 아이들 역시 각자 자신을 위해 결정할 것이다. 그렇다면 내가 아이를 낳는 것은 인류를 위한 것인가?

자기 행동의 예상치 못한 결과를 바라보며, 얼마나 많은 사람들이 외쳤던가? "나는 이런 걸 원한 게 아니었는데!" 노벨은 자신의 일이 과학을 위한 것이라고 생각했다. 그러나 그는 결과적으로 전쟁을 위해 일했던 것이다. 에피쿠로스는 자신의 학설을 뒷날 사람들이 향락주의라고 부를 것을 예상하지 못했고, 니체는 니체주의를, 그리스도는 종교재판 같은 것을 꿈에도 생각하지 못했다. 인간의 손으로 만들어진 것은 곧 역사의 밀물과 썰물에 떠밀려 새로운 순간마다 새로 만들어지고, 그 주위에 무수한 생각지도 못한 소용돌이를 만들어 낸다.

그러나 인간의 자유들이 동의하는 목적들도 분명 존재한다. 만일 내가 인류를 계몽하여 자연에 대한 인류의 위력을 증대하고 인류의 위생衛生을 개선하려 한다면, 내 행동의 목적은 뚜렷하다. 학자들은 비록 하찮은 돌더미 한 개의 수준이라도 자기가 과학이라는 건물에 기여했다면 그것으로 만족한다. 그 돌은 그 필요한 장소에 영구히 남아있을 것이다. 그리고 그 영구성永久性이

작은 돌의 크기를 무한히 크게 만들어 줄 것이다.

사람들이 과학을 전폭적으로 지지하는 것은 사실이다. 왜냐하면 하나의 사유는 모든 인간이 이에 대해 동의할 수 있도록 만들어졌을 때에만 과학이 되기 때문이다. 그러나 과학을 위해 힘썼다고 하여 과연 인류를 위해 힘썼다고 할 수 있을까? 과학에서의 각각의 발명은 인간에게는 새로운 상황이다. 그 발명이 인간에게 유용한 것인지를 정하기 위해서는 그것이 만들어내는 상황이 이전 상황보다 훨씬 뛰어나야만 한다. 일반적으로 진보의 관념은 이러한 비교를 요구한다. 그러나 한없이 다양한 인간적 상황들을 비교한다는 것이 가능한 일일까? 땅 위에 5천만의 사람이 있거나 20명의 사람이 있거나 간에 인류는 언제나 충만성이다. 그리고 언제나 그 한가운데에, "저 영원히 미래인 움푹한 구멍"이 있어서, 인류가 낙원이 되는 것을 방해하고 있다. 만일 인류가 지양 불가능한 목적으로 보인다면 그것은 인류 자신이 어떠한 목적으로도 한정되어 있지 않다는 증거이다. 인류는 스스로 도약하여 목적을 정하지만 그 목적은 인류 앞에서 끊임없이 뒤로 물러난다. 우리에게 구원의 약속이었던 것이 이처럼 우리들 희망에 등을 돌린다. 과학도, 기술도, 그 어떤 종류의 행동도 결코 인류를 이 유동적인 목표에 접근시키지 못한다. 새로 만들어진 상황이 어떤 것일지라도 차례가 오면 그것 역시 지양되는 여건일 뿐이다.

혼히 출세한 사람을 "도달한 사람un homme arrivé"이라고 말한
다. 무엇에 도달했다는 말인가? 사람은 결코 어디에도 도달하지
못한다. 출발점밖에 없다. 인류는 각인으로부터 매번 새롭게 출
발한다. 그러므로 세계 속에서 자기의 자리를 찾는 청년은 그것
을 쉽게 찾을 수 없고, 자기가 영원히 정당화되지 못하는, 버림
받은 무용지물이라고 생각한다.

　학문을 하거나 시詩를 짓거나 자동차를 만들거나 인간은 자
신을 넘어서고 주어진 상황을 넘어선다. 그러나 그는 인류를 위
해 자신을 지양하는 것은 아니다. 오히려 인류가 개별 인간들을
통해 자신을 지양한다. 이 초월성은 아무런 목적도 없다. 그냥
그것은 있다. 그리하여 각인의 생명, 즉 인류 전체는 매 순간 절
대적으로 무상無償적인 것, 그 누구의 요구도 받지 않은 것, 그 무
엇의 부름도 받지 않은 것으로서 나타난다. 인류는 자신의 운동
을 통해서 요구와 호출을 창조한다. 그리고 이 부름과 요구에 대
해 또 새로운 요구의 창출로 응답한다. 그러고 보면 완료完了라
는 것 자체가 단지 상상일 뿐이다.

　그러나 이 끝없는 생성生成을 그 자체로 하나의 완료로서 생
각할 수는 없을까? 인류는 미리 정해진 목표에 접근해 가는 것은
아니다. 그러나 연속적인 매 단계가 먼젓번의 단계를 속에 보존
하고 있으면서 그보다 더 높은 형태를 띠고 있다면, 우리는 진보
의 이념이 옳다고 말할 수 있을 것이다. 헤겔이 말했듯이, 우리가

인류 안에서 모순을 발견하는 것은 오로지 인류의 어떤 한 국면만을 바라볼 때이다. 그러나 인류 역사 전체를 바라보면 인간과 사건의 분명한 구별은 사라지고, 모든 순간들이 한데 합쳐진다.

장애물은 자신을 부수는 투쟁의 일부가 된다. 입체파는 인상파를 제압했다. 그러나 입체파는 인상파에 의해서만 존재한다. 그리고 미래의 회화가 정의되는 것은 바로 이 두 유파 너머일 것이다. 로베스피에르는 테르미도르* 혁명에 의해 몰락했다. 그러나 로베스피에르와 테르미도르 혁명은 보나파르트 속에서 사이좋게 같이 있는 모습으로 발견된다. 자신의 개별적이고 역사적인 운명을 실현시키면서 두 사람은 각기 보편의 한가운데에 자리 잡을 수 있었다. 나의 행위가 완료되면 그것은 최초에 내가 바라던 바와는 다른 행위가 된다. 그렇다고 하여 그 행위가 완전히 낯설게 변질되는 것은 아니다. 즉 그 행위는 자기의 존재를 완료하는 것이고, 이때 비로소 그 행위가 진실로 완성되는 것이다.

헤겔의 낙관주의에 찬동하기 위해서는, 종합綜合이 테제와 테제의 지양인 안티테제를 실질적으로 속에 간직하고 있다는 것을 인정할 필요가 있다. 각각의 인간은 자신을 감싸고 있는 보편 속에서 자신을 발견할 수 있어야 한다. 헤겔이 말했듯이 인간은 보편 속에서 자신을 인식해야만 한다. 왜냐하면 보편성이 구체

*Thermidor: 프랑스 대혁명 당시 로베스피에르를 처형함으로써 공포정치를 끝낸 사건. 테르미도르는 지금의 7월에 해당하는 혁명력의 명칭이다.

화되어 나타난 것이 개별적 인간이고, 보편성은 단독적 개인성個
人性을 통해 자신의 형태를 발견하기 때문이다.

　인간의 매 순간이 과거의 모습과 같은 것이 아니라면, 현재
의 그의 모습도 진정 현재의 그의 모습은 아닐 것이다. 그러므로
각자의 현존이 영구히 세계 속에 기재되어 있다는 것을 받아들
이자. 패자敗者의 저항이 없었다면 승자의 승리가 이처럼 빛나
지 않았을 것이라는 말로 우리는 패자를 위로하려 하는 것일까?
이 승리가 자신의 것이 되기 위해서는 그의 현존만 있으면 충분
한 것인가? 실제로 패자에게 속하는 것은 바로 **그의** 패배이다.

　인간은 두 가지 방법으로 세계에 현존하고 있다. 우선 인간
은 물체이고, 타인의 초월성에 의해 지양되는 여건이다. 그리고
그 자신 미래를 향해 몸을 던지는 초월성이기도 하다. 그의 소
유는 그가 자신의 자유로운 계획에 의해 세워 놓은 것이다. 결
코 자기로부터 출발하여 타인이 세워놓은 것이 아니다. 그런 점
에서 헤겔의 변증법은 한 인간의 사실성facticité만을 중시하고 있
다. 한 인간이 선택을 한다는 것은 생동적 주관성이 그것을 목적
으로 선택한 것이지 단순히 선택이라는 응고된 사실이 아닌데
말이다. 그런데 헤겔은 바로 이 죽어 있는 양상만을 포착한다.

　한갓 덧없고 지양되는 사물로서 이 세계 안에 떨어진 존재
인 인간은 결코 이 세계 안에서 자신의 존재감을 느낄 수 없다.
오히려 그는 거기서 소외되어 있다. 그의 존재, 다시 말해, 스스

로에게는 낯설고 타인에게는 대상일 뿐인, 그 존재의 차원이 보존되고 있다는 것을 보여주는 것만으로 한 인간을 구원할 수는 없다. 두말할 나위 없이 인간은, 우주 전체에 대한 여건의 자격으로 현존하고 있다. 매 순간 나는 인류의 모든 과거를 뒤에 놓고 인류의 모든 장래를 앞에 놓은 채 있다. 나는 지구의 한 지점에, 태양계의 한 지점에, 그리고 성운星雲의 한가운데에 위치해 있다. 내가 다루는 모든 대상들을 통해 나는 세계를 구성하는 모든 대상들을 알게 되고, 나의 실존은 모든 인간의 실존과 연관된다. 그러나 우주가 내 것이기 위해서는 그것만으로 충분하지 않다. 나의 것, 그것은 내가 세운 것이다. 그것은 나 자신의 계획을 완성시킨 결과물이다.

그래서 헤겔은 말할 것이다. 만일 인간이 자신의 계획을 상당히 멀리까지 확대할 줄 알기만 한다면, 인간은 보편적 생성 속에서 자기 계획의 완성을 발견하게 될 것이라고. 또, 한정된 계획만을 고집하는 어리석은 사람이나 실망을 느끼는 것이지, 보편의 관점을 택하는 사람이라면, 비록 외관상 패배라 할지라도 그 속에서 승리를 발견할 수 있다고. 데모스테네스*는 아테네의 몰락을 탄식했을 때 근시近視였던 셈이다. 실제로 그에게 중요했던 것은 문명이었다. 그리고 필립포스와 알렉산더**가 이 세계

---

*Demosthène: BC 3세기. 고대 그리스 아테네의 정치가이자 웅변가. 알렉산더 대왕에 맞서 아테네 반란을 이끌다가 패하여 자살하였다.

에 실현한 것이 바로 문명이다. 만일 내가 전체를 원할 수만 있다면, 단지 그것만으로, 모든 것은 선善이다.

그러나 그런 소망이 가능할까?

유일한 무감각의 하늘로 현자가 망명했다고 한다면, 그는 지구의 변화무쌍한 표면 위에서 혁명들이 그림자처럼 지나가는 것을 볼 것이다. 내일이면 사라져 버릴 세계의 형상에 승리를 안겨주기 위해 그는 손가락 하나 까딱하지 않을 것이다. 모든 것이 자기 것인 이상 그는 그 어떤 것도 더 선호할 필요가 없다. 19세기의 한 낙천적인 경제학자도 초인구超人口가 노동자의 과잉을 초래하고, 그 결과 임금이 하락하고, 임금의 하락이 노동계급의 사망률과 불임을 높이며, 결국 인구가 감소할 것이라고 놀라운 눈으로 바라보고 있다.

만일 우리가 헤겔적인 창공 속을 날아다니고 있다면 특정 인간들의 생사는 별로 중요하게 생각되지 않을 것이다. 그러나 경제적 균형은 왜 언제나 중요한 것일까? 이런 장치를 즐기는 것은 보편적 정신이 아니라 부르주아 경제학자들이다. 보편적 정신은 목소리가 없다. 어떤 사람이라도 보편적 정신의 이름으로 말하는 사람은 거기에 자기 목소리를 빌려주었을 뿐이다. 그

**필립포스2세는 마케도니아 왕으로 알렉산더 대왕의 아버지이다. 군사적 재능을 발휘하여 영토를 확대하였고, 아테네·테베를 338년 케로네아 전쟁에서 쳐부수고 그리스를 통일하였으나 암살당하였다. 그의 위업을 아들 알렉산더 대왕이 완성시켰다.

가 보편성이 **아닌데**, 어떻게 그가 보편적 관점을 가졌다고 주장할 수 있겠는가?

사람은 자기 자신의 것이 아닌 다른 관점을 가질 수 없다. "지옥은 어디에 있는가?"라고 말로우의 파우스트 le Faust de Marlowe 가 메피스토펠레스에게 묻는다. 그러자 악마는 "우리가 있는 이곳에 지옥이 있다"고 대답한다. 인간도 이렇게 말할 수 있다. "내가 있는 여기에 지구가 있다." 인간으로서는 낭성狼星으로 도망칠 어떤 방법도 없다. 인간이 자기 기획의 특이한 성질을 포기한다는 것은 그 기획 자체를 죽이는 것이다. 데모스테네스가 진실로 원했던 것은 아테네 문명 위에서 아테네 문명을 출발점으로 하여 꽃피게 될 **하나의** 문명이었다.

기획을 하면서 적합하지 못한 방법을 통해 목표를 설정하는 일도 물론 있을 수 있다. 그런 경우 당초에 자기가 선택하지 않았던 다른 방법이 성공하면 그것을 기뻐할 수도 있다. 자기가 사는 도시의 번영을 원하는 사람의 예를 들어 보자. 그는 시장 선거에서 투표한다. 당선된 사람은 그의 경쟁자다. 그러나 그 상대는 좋은 시장임이 밝혀지고 도시는 그의 손에 의해 번영한다. 반대표를 던졌던 이 유권자는 새로운 시장에 대해 만족해한다. 어떻든 간에 애초에 그가 겨냥했던 목적이 성취되었기 때문이다. 그리고 그것은 개별적이고 한정된 목표였다.

모든 목적이 보다 먼 목적을 향한 수단이라고 주장한다면,

그 어떤 것도 진정한 목적이 될 수 없을 것이다. 계획은 내용이 텅 비어 공허한 것이 되고, 세계는 형태를 잃어버린 채 무너져 내린다. 인간은 평평한 무관심의 평면 속에 가라앉는데, 거기서 사물들은 인간이 선택한 것이 아니라 그저 자기들 본연의 모습으로 존재하고 있을 뿐이다. 항상 어떤 문명이 하나 있기 마련이므로, 굳이 아테네를 수호한다는 일은 불필요한 일인지도 모른다. 그러나 그렇게 생각한다면 무언가를 아쉬워한다거나 즐기는 일 자체가 모두 무의미하게 된다. 하나의 목적을 위해 행동한다는 것은 언제나 선택하는 것이며 한정限定하는 것이다. 만일 그의 노력이 아무 형태나 띠어도 무방한 것이라고 한다면, 그의 초월성은 일체의 형태를 잃어버리고 완전히 사라지게 될 것이다. 그는 더 이상 아무런 의욕도 가질 수 없다. 왜냐하면 보편普遍에는 결핍, 기대, 호소가 없기 때문이다.

그러므로 무한無限과 관계를 가지려는 인간의 노력은 그 어떤 것도 헛된 일이다. 그는 인류를 통해서, 그리고 인류 속에서만 신과 관계를 가질 수 있다. 그러나 그는 소수의 사람에게만 영향을 미치고 제한적인 상황만을 구축할 뿐이다. 만일 인간이 무한히 팽창되기를 꿈꾼다면 그는 곧 자기 자신을 상실한다. 그는 꿈속에서 길을 잃고 헤맨다. 왜냐하면 실제로 그는 여전히 현실 속에 있으며, 전과 다름없이 자신의 제한적인 기획에 의해 자신의 제한적인 현존을 증명하고 있기 때문이다.

상황

캉디드의 뜻은 그러므로 원자原子로 환원될 수도, 우주宇宙와 혼
동될 수도 없다. 인간은 자신을 선택함에 의해서만 존재한다. 선
택하기를 거부한다면 그는 소멸하고 만다. 어떤 목적도 추월될
수 있다는 것이 인간 조건의 패러독스다. 그러나 우리의 기획은
목적을 목적으로서 규정한다. 하나의 목적을 추월하기 위해서
는 우선 그 목적을 추월될 수 없는 것으로서 상정할 필요가 있
다. 인간은 이것 이외의 다른 실존의 방법을 가지고 있지 않다.
시네아스의 말을 듣지 않은 피뤼스가 옳았다. 피뤼스는 정복하
기 위하여 출발한다. 그러니까 그는 정복할 것이다. "그럼 그다
음은?" 다음 일은 차차 알게 될 것이다.

　그러므로 모든 사람이 반드시 죽게 되어 있는 인간의 유한
성은 마지못해 당하는 것이 아니라 적극적으로 의욕되는 것이
다. 죽음이라는 것은 사람들이 때때로 거기에 엄청나게 덧붙이
는 그런 중대성을 갖고 있지 않다. 인간이 유한한 것은 그가 죽
기 때문이 아니다. 우리들의 초월성은 항상 죽음의 이쪽 혹은 저

쪽에서 구체적으로 한정된다. 피뤼스는 자기 나라로 돌아가기 위해 지구를 한 바퀴 돌겠다고 생각하지는 않았을 것이다. 혁명가는 혁명이 승리하는 날까지 자기가 살아 있을지 여부에 별 관심이 없다. 우리들 행위의 한계는 그 행위의 한가운데에 있는 것이지 밖에 있는 것이 아니다.

어떤 사람이 여행을 한다. 그는 오늘 저녁 리옹Lyon에 도착하려고 서두른다. 그 이유는 내일 발랑스Valence에 가고, 모레 몽텔리마르Montélimar에, 그리고 그다음 날에 아비뇽Avignon에, 또 그다음 날은 아를Arles에 가기 위해서이다. 다른 사람들이 그를 비웃을 수도 있다. 아무리 해 보았자 실제로 그는 님Nimes이나 마르세유Marseille도 보지 못한 채 집으로 돌아와야 할 것이니 말이다. 본Beaune이나 콘스탄티노플Constantinople도 보지 못할 것이다. 그러나 상관없다. 그는 자신의 여행을 할 것이다.

작가는 또 다른 책을 쓰기 위해 지금의 책을 빨리 끝내려고 조바심친다. "그렇게 되면 나는 안심하고 죽을 수 있을 거야. **나의 작품이 완성되는 것이니까**"라고 그는 말한다. 그는 자신의 일을 중지하기 위해 죽음을 기다리고 있는 것이 아니다. 그렇기는커녕 만일 그의 기획이 미래의 여러 세기 동안 사람들의 관심을 끈다면, 죽음 또한 그를 멈추게 하지 못할 것이다.

80세 노인이 집을 짓고 나무를 심는다. 모세는 자기가 가나안의 땅에 들어가지 못할 것을 알고 있다. 스탕달은 자기가 100

년 후에 읽히기 위하여 소설을 썼다. 죽음은 나의 죽음과 함께 오로지 한 번만 나를 멈추게 한다. 그것도 타인의 눈에 그러할 뿐이다. 그러나 살아있는 나에게 나의 죽음은 존재하지 않는다. 나의 기획은 어떤 장애도 만나지 않고 죽음을 가로질러 간다. 나의 초월성이 높이 도약할 때 거기에 부딪히는 방해물은 존재하지 않는다. 초월성은 그냥 자연스럽게 죽는다. 그것은 평평한 해안에 와서 모래에 부딪혔다가 그대로 정지하여 더 이상 멀리 가지 않는 파도와 비슷하다.

그러므로 하이데거와 함께, 인간의 진정한 기획은 죽기 위해 존재하는 것이고, 죽음은 우리의 본질적인 목적이며, 이 최후의 가능성을 회피하거나 상정하는 것 외에 인간에게 다른 선택은 없다, 라고 말해서는 안 된다. 하이데거 자신도, 인간에게는 내면성이 없고, 그의 주관성은 객관적 세계에 참여함으로써만 나타난다고 말했다. 그러니까 사물과 맞물려 돌아가는 행위에 의하지 않고는 선택이란 없다. 다시 말하면 인간의 행위가 바로 그의 선택이고, 그가 설립하는 것이 바로 그의 기획이다. 그런데 인간은 죽음을 행위 하지 않고, 죽음을 설립하지도 않으며, 근본적으로 **죽게 되어** 있는 존재이다. 이 존재는 정확히 죽기 **위하여** 존재하고 있다, 라고 말할 권리가 하이데거에게는 없다.

존재의 사실성은 무상無償적이다. 사람은 그저 **아무것도 위하지 않은 채**(아무런 목적 없이pour rien, for nothing)존재하고 있다.

이 경우 **위하여** 라는 말은 아무런 의미도 없다. 자기 앞에 어떤 목적을 세우므로 존재는 곧 기투라고 하이데거는 말한다. 그러나 존재로서의 한 존재는 그 어떤 목적도 자기 앞에 세우지 않는다. 그것은 그저 존재할 뿐이다. 자신을 '……을 위하여'로 규정하는 것은 오로지 기투만이다. 다른 목적과는 달리 죽음이라고 하는 이 최후의 목적은 어떠한 행위에 의해서도 목적으로 규정되지 않는다는 것을 하이데거도 인정하고 있다. 인간을 죽음 쪽으로 던지는 저 과단성 있는 결심은 인간을 자살하도록 인도하는 것이 아니라, 다만 죽음의 **현존 앞에서** 살도록 인도할 뿐이다.

　그렇다면 현존이란 무엇일까? 현존은 무엇인가를 있게 하는 행위 속에서만 존재한다. 그것은 구체적인 관계를 만들어가는 속에서만 실현된다. 따라서 하이데거식의 회심은 스토아학파의 회심과 마찬가지로 아무런 효력이 없다. 생명은 회심 이전과 마찬가지로 이후에도 똑같이 계속된다. 그것은 오로지 내면의 변화일 뿐이다. 도피처럼 보여서 비진정성非眞正性으로 보이는 행위도, 만일 그것이 죽음 앞에서 전개된다면 진정한 것이 된다. 그러나 이 **앞에서**라고 하는 말은 말일 뿐이다. 여하튼 내가 살아 있는 동안 죽음은 **거기** 없다. 내게 있어서 목적의 자유로운 행위인데 누가 그것을 도피로 볼 수 있단 말인가?

　하이데거는 비진정한 실존의 등급을 매기기를 주저하고 있는데, 그것은 이와 같은 궤변에 뿌리를 두고 있다. 실제에 있어서는 주체만이 자기 행위의 의미를 결정한다. 도피는 도피의 기획에 의하지 않으면 존재하지 않는다. 내가 사랑할 때, 내가 욕망할 때, 나는 아무것도 피하지 않는다. 즉 나는 사랑하고, 욕망하는 것이다. 불안이 내게 일깨워주는 무無néant, nothingness는 나의 죽음의 무가 아니다. 그것은 내 생의 한가운데에서 나로 하여금 끊임없이 모든 초월성을 초월하도록 하는 부정성否定性négativité, negativity이다. 그리고 이 힘을 의식하는 것은 나의 죽음을 상정함에 의해서가 아니다. 오히려 키르케고르 혹은 니체가 말했던 아이러니가 이것을 잘 설명해 준다. 즉 내가 불사不死일 때조차, 그리고 내가 불사의 인류와 나 자신을 동일시하려 할 때조차, 여전히 모든 목표는 출발이고, 모든 추월은 추월의 대상이라는 점이다. 이 관계의 유희 속에서 아무런 받침대 없이 허공에 떠 있는 관계들의 총체 이외에 세상에는 그 어떤 절대성도 없다.

그러므로 사람은 죽기 **위하여** 존재하는 것이 아니다. 사람은 이유 없이, 목적 없이 존재한다. 그러나 장 폴 사르트르도 『존재와 무』에서 밝혔듯이 인간 존재는 사물처럼 응고된 존재가 아니다. 인간은 매 순간 자신의 존재를 존재해야 한다. 순간마다 그는 자신을 존재시키려고 노력한다. 이것이 바로 기투이다. 인간 존재는 기투의 형태하에서 실존하고 있지만, 그 기투는 죽음을 향한 기투가 아니라 각기 개별적인 목표를 향한 기투이다.

인간은 사냥을 하고 고기를 잡는다. 도구를 만들고 책을 쓴

다. 그것은 오락이나 도피를 위해서가 아니라 존재를 향한 운동
이다. 인간은 존재하기 위하여 행위한다. 자신이 즉자적으로 **존
재**하지 않으므로 그는 자신을 초월해야만 한다. 그러나 또한 그
는 즉자적으로 존재하기를 바라기 때문에, 그의 초월성은 하나
의 충만성으로서 포착되어야만 한다. 인간의 초월성이 응고되
어 나타나는 것은 그가 창설한 대상 속에서이다.

왜 인간은 하필 저것이 아니고 이것을 창설하는 것일까? 정
확히 기투는 자유이므로 이것은 답할 수 없는 질문이다. 실존적
분석은 한 인간의 각기 다른 선택의 전체적 의미를 끌어내고, 그
선택들이 전개되고 통합되는 과정을 알려 줄 것이다. 그러나 이
분석은 개별적 선택의 완강한 사실성 앞에서 멈추어야 한다. 각
인各人은 이 개별적 선택을 통해 세계 속에서 **스스로를** 던진다. 우
리가 여기서 검토하려는 것은 기투의 내용이 아니다. 그 자유로
운, 근원적 성질이 제시되었으므로 우리는 그 실존의 일반적 ·
형식적인 조건들만을 정의하고자 한다.

기투는 개별적이며, 따라서 한정적이라는 결론에 우리는 도
달한다. 즉 초월성의 일시적 차원은 그 자체로서 요구되는 것이
아니다. 그것은 창설된 대상의 성질 여하에 달려있다. 수 세기 동
안 버틸 수 있는 건물을 세우고 싶어 하는 사람이 있다. 위험한
점프에 성공하려고 노력하는 사람도 있다. 여기서 시간은 그 자
신의 목표가 아니다. 그것은 대상의 특이한 성질에 불과하다. 한

순간을 경과하건 아니면 수 세기를 거치건 간에, 대상은 언제나 지속성을 가지고 있다. 존재의 충실성, 그것은 영원성이다. 언젠가 무너질 대상은 진실로 존재하는 것이 아니다.

"그리고 그다음은?" 인간은 자신의 존재를 다시 잡으려 노력한다. 그러나 그의 초월성이 관여하고 있는 이 대상을 그는 언제라도 새롭게 초월할 수 있다. 만일 그것이 파괴할 수 없는 것일지라도 대상은 언제나 우연적이고 유한한 것으로서 나타날 것이다. 또 언제나 초월해야 할 단순한 소여所與 donné, the given 로서 나타난다. 대상은 나를 충만하게 하면서 자신도 충만하게 된다. 그러나 반성反省은 초월성이 자발적으로 취하는 형태들 중의 하나이다. 반성의 관점에서는, 대상은 그냥 거기, 아무런 이유 없이 존재하고 있다. 이 세상에서는 인간만이 자기가 모든 목적을 가지고 있다는 허영에 도취되어 있다. 그렇게 되면 그는 더 이상 삶을 견디기 어려울 것이다.

그러나 이 세계에는 인간만이 있는 게 아니다.

제2부

타인

울고 있는 여자를 보며 "저 여자는 참 행복해!"라고 어떤 신경쇠
약증의 여자가 말했다. "**정말로** 울고 있으니 말이야." 그런데 이
여자도 늘 울고 있었다. 다만 자신은 그것이 진짜 눈물이 아니라
고 생각하는 것이다. 자기의 울음은 연극이고 흉내라고 그녀는
생각한다. 보통 사람은 자신이 유리로 되어 있다거나 나무로 되
어 있다고 생각하지 않는다. 자기를 꼭두각시라거나 유령이라
고도 생각하지 않는다. 그러나 그런 사람도 역시 자기의 눈물이
나 웃음을 완전히 믿을 수는 없다. 즉 그에게 일어나는 그 어떤
것도 완전히 참眞은 아닌 것이다.

　거울에 비친 나를 바라보며 내 개인사를 아무리 말해 보아
도 소용없다. 나는 결코 나를 하나의 충만한 객체로서 파악하지
못한다. 나는 나 자신 속에서 바로 나 자신인 저 공허를 느낀다.
나는 나 자신이 **즉자적으로 존재하지 않음**을 느낀다. 바로 그 때
문에 어떠한 자아예찬도 진실로 불가능하다. 나는 나를 나 자신
의 대상으로 삼을 수 없기 때문이다. 젊었을 때 내 친구들은 그

빛나는 독창성으로 나를 눈부시게 했고, 나는 아무런 개성도 가지고 있지 않다는 것에 항상 슬퍼하였다.

내가 생각하기에 타인은 이 훌륭하고 접근하기 어려운 성격을 어렵지 않게 가지고 있다. 그런데 내 마음 한가운데에는 공허만 있다. 나에게 있어서 타인은 세계 속에 있는 하나의 대상이고 하나의 충만성이다. 아무것도 아닌rien, nothing 나는 그의 존재를 확고하게 믿는다. 그 타인은 대상과는 또 다른 존재이다. 왜냐하면 타인은 끊임없이 지평선을 후퇴시키며 돌진하고 있는 무한한 초월성이기 때문이다. 나는 신이 존재하는지 아닌지 잘 모른다. 어떤 경험도 나에게 신을 제시해 주지 않는다. 인류는 결코 실현되지 않는다. 타인은 그저 거기, 자신 속에 웅크려 있는 채, 무한 앞에서 열려 있는 채, 내 앞에 있을 뿐이다. 그런데 만일 타인이 나의 행위들을 바라본다면, 나의 행위들 또한 그의 눈에는 무한히 크게 보이지 않을까?

어린아이는 그림을 그리거나 글씨를 쓰고 나면 곧 부모에게 보이려고 뛰어간다. 그는 사탕이나 장난감만이 아니라 부모의 칭찬을 받고 싶어 한다. 그림은 그것을 보는 하나의 눈을 요구한다. 즉 누군가에게 이 구불구불한 선線들이 배船도 되고 말馬도 되어야 한다. 그러면 기적이 일어난다. 아이는 색을 범벅으로 칠한 그 종이를 자랑스럽게 들여다본다. 그때부터 거기에는 진짜 배가 있고 진짜 말이 있게 된다. 만일 혼자였다면 이런 엉성한 선들에

감히 확신을 가지지 못했을 것이다. 우리 또한 이처럼 우리 인생의 모든 순간들을 단단한 다이아몬드로 바꾸려 하지는 않았던가.

때때로 우리는 타인의 도움 없이 우리의 존재를 완성하려한다. 나는 들판을 걸어간다. 풀을 꺾고, 발로 돌을 차고, 언덕에 오른다. 이 모든 것을 아무런 증인 없이 한다. 그러나 누구라도 평생 이러한 고독에 만족할 수는 없다. 산책을 끝내자마자 나는 친구들에게 그 산책 이야기를 하고 싶어진다. 칸다울레* 왕은 왕비의 미모가 만인의 눈에 아름답게 비치기를 원했다. 소로Henry David Thoreau는 몇 년 동안 숲 속에서 혼자 살았지만, 그러나 숲에서 나와 『월든』을 썼다. 그리고 알랭 제르보**는 『혼자서 대서양을 횡단하고』를 썼다. 성녀聖女 테레사조차도 『마음속의 성城』을 썼고, 생 장 드 라 크루아Saint Jean de la Croix는 송가頌歌를 지었다.

그렇다면 우리는 타인에게 무엇을 기대하고 있는 걸까?

타인이 나를 운반하여 끝없는 생성生成 저쪽 멀리까지 데려가 줄 것이라고 희망한다면 그것은 잘못된 일이다. 인간의 어떤 행위도 무한히 확대되지는 않는다. 타인이 나를 출발점으로 하여 창조해 내는 것은 더 이상 나의 것이 아니다. 내가 치료한 환자가 병원을 나서자마자 버스에 치일 수도 있다. 나의 치료가 그를 죽였다고 나는 말하지 않을 것이다. 내가 낳은 아이가 큰 죄

*Candaule: BC 8세기 리디아의 왕.
**Alain Gerbault: 프랑스의 항해가. 작은 쾌속선으로 대서양 횡단에 성공했다.

인이 되었다 하더라도 나는 죄인이 아니다. 내가 내 행위의 결과를 한없이 책임져야 한다면 처음부터 나는 아무것도 원할 수 없게 된다. 나는 유한하다. 나는 자신의 종말을 원하지 않으면 안 된다. 그러나 내가 바라는 것은 추월되지 않는 목적, 참으로 목적인 목적을 선택하는 일이다. 그 자체로 응고되어 있는 사물은 나를 정지시키기에 충분치 않다고 한다면, 그런 힘을 가지고 있는 것은 바로 타인이 아닐까?

헌신

타인이 나를 필요로 한다고 가정해 보자. 또 그의 실존이 하나의 절대적 가치를 지니고 있다고 가정해 보자. 그러면 나의 존재도 정당화된다. 왜냐하면 나는 자신의 실존이 정당화된 한 존재와 1대1로 상대하고 있기 때문이다. 이 경우 나는 위험이나 불안감에서 해방된다. 내 앞에 절대적 목표를 둠으로써 나는 나의 자유를 양도하였다. 더 이상 아무런 질문도 제기되지 않는다. 나는 오로지 나를 요구하는 그 부름 소리의 대답이 되기만 하면 된다.

주인이 배고프고 목말라 있을 때, 헌신적인 노예는 자신이 주인의 허기와 갈증을 해소해 주는 한 그릇의 요리, 한 잔의 물이 되기만을 원한다. 그는 자기 자신을 하나의 순종하는 도구로 만든다. 주인이 요구하면 그는 자신을 죽일 각오가 되어 있고, 필요하다면 주인이 그를 죽일 수도 있다. 왜냐하면 주인의 의지 저쪽에는 아무것도 존재하지 않기 때문이다. 그에게 유익한 것이 무엇인지에 대한 관심조차 없다. 노예가 자신의 존재를 완성하는 길은 그 존재를 장악하고 있는 사람 앞에서 스스로 사물이 되는 것이다. 많은 남자들, 특히 여자들이 원하는 휴식이 바로 그런 것이다. 자신을 완전히 내맡기는 그런 휴식.

그러나 대체 우리는 누구에게 헌신하는 것일까? 내가 내 생명을 위탁하는 그 사람은 우선 내게 절대적인 가치를 지니고 있는 것으로 보여야 한다. 늙어서 무능한 남편이 도대체 무엇에 쓸모가 있느냐고 자문하는 아내는 이어서 "내가 그에게 헌신해 보았자 무슨 소용이 있느냐?"고 자문할 것이다. 그녀는 질문하기를 회피할지도 모른다. 그러나 그렇게 되면 그녀의 삶은 안정감을 잃게 된다. 매 순간 질문이 제기된다. 무조건적으로 타인의 존재를 받아들이지 않는 한, 나는 편안한 마음으로 헌신할 수 없다. 사랑, 경탄, 그리고 인격에 대한 존경을 통해 그런 의지가 생겨난다. 그렇다면 이 아이에게, 이 주인에게, 이 불구자에게 내가 몸과 마음을 다 바치는 것이 정당한 일일까? 그렇게 하면 나의 존재가 완성되는 것일까?

남에게 헌신하는 사람이 상대방의 배은망덕을 불평하는 것을 우리는 흔히 듣는다. 상대방이 그의 선행에 감동을 하는 것이 아니라 오히려 화를 내고 있기 때문이다. 자신의 선행을 정당화해주리라 기대했던 유일한 사람으로부터 거절당한 그는 인간의 패륜을 준열히 비판한다. 그러나 그가 당한 배신은 좀 더 분명한 이유가 있지 않을까? 과연 헌신을 헌신이라고 부르는 것이 합당한가? 헌신은 언제나 자신이 예상했던 결과에 도달한 것 아닌가?

"나를 이 세상에 낳아 달라고 부탁한 적이 없어"라고 버릇 없는 아이가 말한다. 이 말로 그는 아버지의 아픈 데를 찌른다. 왜냐하면 헌신이란 우선 타인을 위한 완전한 자기 포기로 여겨지기 때문이다. "난 너를 위해서만 살아왔다. 너에게 모든 걸 다 바쳤어"라고 아버지는 말한다. 그러나 아직 존재하지 않은 자를 위하여 자기를 포기한다는 것은 있을 수 없다는 것을 아버지도 인정하지 않을 수 없다.

자식을 생식生殖한다는 것은 아무에게도 몸을 바치는 것이 아니다. 그것은 익명의 아이를 통해 세계 속에 자기를 던지는 일이기조차 하다. 그 어떤 타인의 의지에 따르지 않으면서 말이다. "좋아"라고 아버지는 말한다. "그러나 네가 세상에 나온 순간 너는 칭얼대고 요구했어. 그래서 나는 너에게 다 주었지." 그러자 은혜를 모르는 아들은 이렇게 대꾸한다. "아버지는 내게 모든 것을 다 주었는지 모르지만, 여하튼 아버지는 그렇게 하고 싶어서 그렇게 한 거잖아요." 그렇다. 실제로 아버지가 아이의 요구에 응한 것은 순전히 그의 자유의사에 의한 것이다.

인간은 결코 자기의 자유를 포기할 수 없다. 자유를 포기한다고 주장할 때조차, 다만 자신에게 그것을 감추는 것일 뿐이다. 그는 자유롭게 그것을 자신에게 감춘다. 복종하는 노예는 복종하기를 선택하여, 매 순간 그 선택을 새롭게 갱신한다. 사람은 자기가 원하므로 누군가에게 헌신한다. 그가 헌신하기를 원하는 것은, 이런 방법을 통해 자신의 존재를 회수할 수 있다고 생각하기 때문이다. "나는 나의 청춘, 나의 시간, 나의 인생 전체를 당신에게 바쳤어요"라고 버림받은 아내가 말한다. 그러나 그녀가 자신의 청춘과 시간을 남편에게 바치지 않았다면 그녀는 그것들을 가지고 무엇을 했을까?

사랑이나 우정에 있어서 증여라는 말은 매우 애매하다. 아첨 받고 있는 폭군은 노예의 봉사를 수락함으로써 그 노예에게 큰 은혜를 베풀고 있다고 생각한다. 노예가 자기의 노예 신분에 만족해하고 있다면 그 폭군의 생각은 틀린 것이 아니다. 어머니는 장성한 아들을, 친절한 간호사는 쾌유된 환자를 살짝 서운한 마음으로 바라본다. "더 이상 내 손이 필요 없구나!" 이 서운함은 가끔 불만의 형태를 띠기도 한다.

타인이 요구해서 내가 베풀었다고 생각했던 것이 사실은 타인이 나에게 베풀어 준 은혜였다. 이 경우 얻은 사람이 누구이고 잃은 사람이 누구인지를 알기는 매우 어렵다. 헌신은 가끔 그 헌신을 받는 사람을 화나게 만든다. 자신은 아무것도 요구하지 않았는데 어머니, 아내, 친구들이 자기들의 헌신을 받아달라고 요구했다는 것이다. 헌신을 베푸는 사람들은 타인의 불행을 즐기고 있다고까지 말할 수 있다. 타인이 불행해야만 위로할 수 있기 때문이다. 그래서 그들은 자신의 존재를 불필요하게 만드는 상대방의 행복을 하나의 배반으로 간주하고 비난한다. 헌신은 자기희생이 아닐 뿐만 아니라, 가끔 심술궂고 오만하기까지 하다. 그러므로 우리가 진정 타인의 행복을 바란다면, 그것은 헌신 없이, 헌신에 반反하여 뭔가를 해야 한다.

그렇다면 우리는 진정 타인의 행복을 바라는 것일까? 우리가 헌신이라고 말할 수 있는 것은 오로지 이런 전제에 의해서 만이다. 그런데 타인이 제시하지 않은 목적을 내가 스스로에게 제시하고, 그 목적이 바로 **나의** 목적이라면, 나는 결코 헌신을 하고 있는 것이 아니다. 나는 그저 행위를 하는 것일 뿐이다. 낳아주기를 부탁한 적이 없는, 지금은 건장하고 훌륭한 젊은이가 되어 있는 아들을 바라보면서 "내가 만든 것이지"라고 아버지는 자랑스럽게 생각할 수 있으나 "이 아이에게 내 몸을 바쳤지"라고 말할 수는 없다. 타인이 결정한 목적을 내 목적으로 삼는 경우에만 헌신이라고 말할 수 있다. 그러나 내가 그 목적을 타인을 위해 결정할 수 있다고 생각하는 것은 모순이다.

아들이 원하는 결혼을 막는 권위적인 아버지는 자신이 아들을 위하여 헌신하고 있다고 생각할지 모른다. 그러나 아버지가 아들 대신 이 상황 아닌 저 상황을 선택하여 주는 것은 바로 자기 자신의 행복을 위한 것이다. 자기가 아들의 행복을 위해 행동하고 있다고 선언함으로써 그는 자기 자신의 의지에서 살짝 벗어나, 건강이라든가, 부라든가, 명예라든가 하는 기존 가치의 객관성을 제시한다.

베르나노스Georges Bernanos의 『시골 사제의 일기』 중에서, 불행한 아내를 온갖 설교로 괴롭히는 환속還俗한 사제도 자기의 언어폭력이 상대의 행복을 위한 행동이라고 생각한다. 상대를 아는 것은 곧 그 상대의 행복이 무엇인지도 아는 것이라고 그는 생각하는 듯하다. 종교재판소 심판관이 이단자를 화형火刑에 처하는 것도 행복의 이름으로다. 그러나 이 심판관이 이단자를 위하여 헌신하고 있다고는 아무도 생각하지 않는다.

헌신한다는 것은 타인을 **위하여** 행동하는 것이다. "위하여"라고 하는 말에 독일어의 "warum willen(무엇 때문에 의욕하는가)"이 나타내는 뜻을 부여한다면, 그것은 자기 의지에서 나오는 부름 소리에 대답한다는 의미가 된다. 자기의 행복을 위해 그것을 원하는 것이라면 그것은 단순히 자기의 행복에 지나지 않을 것이다. 하나의 목적이 목적 그 자체를 위하여 한 인간에 의해 조건 없이 설정될 때, 누구도 이 목적의 성질을 부인할 수 없다. 그리고 만일 그가 이 목적을 달성하지 못하면 그 어떤 외부적인 성공도 이 실패를 보상補償할 수 없다. 헤겔이 적절하게 말했듯이 목적은 그 수단들을 다 포함하고 있다는 것을 염두에 두어야 한다.

여기 어떤 아이가 나무에 오르려 하고 있다. 친절하지만 거만한 어른이 그 아이를 땅에서 안아 올려 가지에 올려 준다. 아이는 실망한다. 아이는 나무 위에 있기를 바랐을 뿐 아니라 스스로 올라가기를 바랐던 것이다. 가만히 있는 타인을 위해 내가 해 줄 수 있는 일은 하나도 없다. 타인이 우리에게 무엇인가 기대하고 있고, 그리하여 우리가 그것을 그에게 줄 때가 아니면 우리는 타인을 **위하여** 아무것도 할 수 없다.

소위 헌신이라는 것의 대부분은 그러므로 출발에서부터 그 의도와 모순된다. 실제에 있어서 헌신이라고 하는 것은 압제壓制이다. 그러나 압제적이 아닌 헌신이 있을 수 있을까? 나는 헌신하려 한다. 헌신을 하더라도 나는 여전히 자유이고, 그 어떤 것도 내 자유가 안고 있는 위험과 불안에서 나를 해방시켜 줄 수 없다는 것을 나는 잘 알고 있다. 그러나 나는 타인의 의지에 의해 세워진 목적을 자유로운 선택에 의해 내 목적으로 삼았다. 그렇다면 내가 구하고 있는 것이 진실로 타인의 행복이 아닐까?

그러나 우선 타인의 의지가 무엇인지부터 알아야 할 것이다. 이것은 생각처럼 쉬운 일이 아니다. 모든 기획은 시간을 통해서 펼쳐진다. 그것은 다수의 기본적 기획들을 포함한다. 본질적인 기획에 합치하는 기획, 거기에 반反하는 기획, 다만 우연히 거기에 결부된 기획 등을 구별할 줄 알아야 한다. 타인의 의지와 그의 일시적 변덕도 구별할 줄 알아야 한다. 회복기의 환자가 의사의 명령에도 불구하고 외출하고 싶어 한다. 나는 그의 열망을 꺾지 못하고 그의 병은 다시 도진다. "나는 책임이 없습니다. 환자가 원하는 대로 내버려 두었을 뿐이니까요." 아무도 이런 변명을 받아들이지 않을 것이다. "의사 선생님이 내 말을 들어주지 않았어야 하는 거 아니요?"라고 환자 자신이 화를 내며 말할 것이다.

지나치게 귀여움을 받고 자란 아이는 어른이 된 후 부모에게 비슷한 비난을 퍼부을 것이다. 이 비난은 가혹하게 들릴지 모르지만 부당하지는 않다. 내가 타인의 욕망을 알고 있다는 사실에서부터 나는 그 욕망들을 넘어설 수 있다. 그 욕망들은 나에게는 여건與件일 뿐이다. 그 욕망이 타인의 참다운 의지를 표명하고 있는지 여부를 결정하는 것은 나 혼자서 할 일이다. 왜냐하면 인간은 매 순간 지금 자기가 그러한 바의 존재와 별개의 모습un homme est autre chose que ce qu'il est dans l'instant이기 때문이다. 어떤 말, 어떤 몸짓도 매 순간 너머에 있는 진짜 유익함이 무엇인지 결정할 수 없다.

말을 곧이곧대로 믿는 것도 매우 경솔한 일임에 틀림없다. 큰 소리로 피뤼스의 죽음을 요구하고 있는 에르미온을 보고 그녀가 왕의 죽음을 바라고 있다고 믿은 것은 오레스트의 경솔함이었다. 개별적인 행동들도 우리를 납득시키기에 충분하지 않다. 우리가 물어야 할 것은 한 인생의 총체성이다. 자기기만의 속임수를 폭로함으로써 정신과 의사는 자기 환자에게 그의 진정한 목적, 그러니까 환자가 고백하는 것과는 다른 목적을 드러내 보여준다. 우리는 우리가 존경하는 사람들의 통찰력을 신뢰한다. 그러나 그 신뢰 또한 하나의 결정이다. 타인의 행복은 타인이 바라는 것이다. 그의 참다운 의지를 식별하기 위해서 우리는 오로지 우리 자신의 판단력에 의존할 수밖에 없다.

여기서 다시 폭군이 되는 게 아닐까? 전제적專制的인 아버지는 자기가 아들의 행복에 대해 아들보다 더 잘 판단한다고 쉽게 결정한다. "궁극적으로 내 아들은 나와 같은 것을 바라고 있어. 그 애가 고집을 부리는 건 무지하기 때문이야. 경솔하기 때문이지. 언젠가 훗날이 되면 자기 잘못을 알게 될 거야"라고 아버지는 말한다. 이 아버지는 미래의 아들에게 현재의 아들 문제를 호소하고 있는 셈이다. 그러나 현재와 마찬가지로 미래에서도 그는 아무런 확실성을 찾아내지 못할 것이다. 미래의 복종이 현재의 반항보다 더 옳은 것일까? 가령 오늘의 반항이 아버지를 불안하게 하지 않는다면, 미래의 순종이라고 해서 군이 그를 만족시킬 이유도 없다.

아이가 너무 순종하여 오히려 부모의 마음을 아프게 하는 일도 있다. 부모가 정해준 행복을 고분고분하게 따르는 청년에게서 부모는 예전의 어린 소년의 발랄한 목소리를 더 이상 들을 수 없어 안타까워한다. 그들이 바라고 있는 것은 지금 이 청년의 행복이 아니라 이렇게 양순하게 길들기 이전의 소년의 행복이었기 때문이다. 여기서 그들은 하나의 환상에 속아 넘어갔다.

한 생명의 연속적인 순간들은 그 추월 속에서 보존되는 것이 아니라 각기 분리되어 있다. 인류에 있어서나 개인에 있어서 시간은 앞으로 전진하는 것이 아니라 각기 구분되어 있을 뿐이다. 한 사람은 인류 전체를 위하여 행동할 수 없고, 온전히 다른 한 인간 전체를 위해 행동할 수도 없다. 한 인간의 의지는 평생 동안 같은 것으로 머물러 있지 않는다. 앞으로 그가 하게 될 비방 혹은 칭찬은 객관적인 확인이 아니라 새로운 기획일 뿐이다. 이 기획은 자신이 인정하거나 부정하게 될 다른 모든 기획들에 대해 하등의 특권도 갖고 있지 않다. 우리의 인생에서 모든 순간들의 화해가 이루어지는 순간은 하나도 없다. 타인의 행복이 무엇인지 확신할 수 없을 뿐 아니라, 결정적으로 이것이 그런 행복이다, 라고 말할만한 행복이 존재할 리도 없다. 한 사람의 서로 다른 계획에 의하여 제시된 서로 다른 행복들 중에서 어느 하나를 택해야 할 경우가 자주 있다. 어른을 위하여 아이를 배반하거나 혹은 아이를 위하여 어른을 배반해야 할 경우도 있을 것이다.

그러므로 우리가 헌신하는 것은 위험과 의혹 속에서다. 어느 한쪽을 선택해야만 하는데 우리에게 무엇을 선택하라고 지시하는 것은 아무것도 없다. 이런 선택을 상정하는 일 자체가 우리의 자유에 속하는 것이다. 만일 내 흥미의 대상이 아이가 성장하여 될 어른이고 이 아이 자체가 아니라면, 나는 아이보다 어른 쪽을 선택한 것이다. 혹은, 아이는 지금 현존해 있고, 나는 이 아이를 사랑하며, 이 아이가 될 미래의 성인에게는 관심이 없다면, 나는 아이 쪽을 선택할지도 모른다. 헌신이 우리의 행위를 여기저기 한계 짓는다고 해서, 다만 그것만으로 헌신을 비난할 수는 없다. 우리의 행동은 한계를 지음으로써만 이루어지는 것이기 때문이다.

그러므로 내 행동의 자유와, 행동이 내포하는 위험과, 행동이 성공했을 때 그 성공이 제한적인 것임을 의식한 후, 비로소 나는 나를 부르는 소리에 대답하기를 결정한다. 아이가 내게 장난감을 달라고 조르면 나는 그것을 아이에게 준다. 아이는 기뻐한다. 아이가 기뻐하는 것을 보고 나도 만족해한다. 상냥한 엄마는 장난감을 보고 생글생글 웃는 아이를 바라보며 자기도 만족스런 미소를 띤다. 그러나 곧 아이의 표정이 돌변하면서, 이번에는 북과 투구를 달라고 한다. 낡은 장난감에는 이미 흥미가 없어졌다. "다른 거 줘!"라고 아이는 떼를 쓰며 소리 지른다. 엄마가 아이를 만족시키기 위해 이런저런 방도를 생각해 보았자 소용없다. 아이는 그냥 여전히 "다른 것"만 외치고 있기 때문이다.

헌신은 타인을 만족시키는 것으로 여겨진다. 그러나 우리는 단 한 사람의 인간도 만족시킬 수 없다. 한 인간은 결국 그 어디에도 도달하지 못한다. 그를 뒤따라가다 보면 지쳐 떨어지기 십상이다. 인간은 곧 초월성이라는 사실을 다시 상기해 보기 바란다. 그가 무언가를 요구하는 것은 오로지 그것을 추월하기 위해서일 뿐이다. 환자는 자신을 보살펴 줄 것을 요구한다. 내가 그를 보살펴 준다. 환자는 회복된다. 그러나 그가 나에 의해 되찾은 건강은, 만일 내가 그를 그 단계에만 머물게 한다면, 그것은 행복이 아니다. 그 건강은, 그가 그것을 가지고 무엇인가를 만드는 경우에만 하나의 행복이 될 수 있다. 그가 자신의 건강을 이용하는 것을 내가 막는다면, 그는 화를 내며 질문할 것이다. "왜 내 생명을 구했습니까? 왜 나에게 생명을 주었습니까?"

옛날이야기 중에, 치명적인 위험에서 구출된 주인공이 어떤 정해진 날짜에 자기 생명을 다시 반환하도록 구원자에 의해 강제되는 이야기가 가끔 있는데, 이 이야기가 매우 잔인하게 생각되는 이유도 바로 그것이다. 구제된 인간이 자기가 얻은 것과는 전혀 다른 것을 반환하면, 까다로운 은인恩人은 잔인한 폭군의 모습을 띤다. 우리는 타인을 위하여 출발점밖에는 만들어 주지 못한다. 아버지가 아들에게 물려 준 건강, 교육, 재산을 아들은 시혜로서가 아니라 자기만이 활용할 수 있는 가능성으로 볼 것임에 틀림없다. 타인의 존재를 확립해 주는 것은 내가 아니다. 나는 단순한 도구에 지나지 않고, 그 도구를 사용하여 타인은 자기 자신을 확립한다. 오로지 그 자신만이 내가 준 선물을 넘어서 자신의 존재를 만든다.

아버지나 은인들은 흔히 이런 진리를 이해하지 못한다. "지금의 그를 만든 것은 바로 나다. 나는 그를 아무것도 아닌 상태에서 끌어내 지금의 그로 만들었어"라고 그들은 자기들로부터 은혜받은 사람들을 지칭하며 말한다. 타인이 자기 존재의 근거를 자신의 외부에서, 즉 은인들에게서 찾기를 그들은 바라고 있다. 이러한 사은謝恩이 가끔 목격되는 것도 사실이다. "당신이 안 계셨다면 나는 어떻게 되었을까요?"라고 재난을 면한 사람이 쩔

쩔매며 말한다. 그러나 이때 그는 그 재난 너머로 자신의 기획을 실행하기를 거부하는 것이다. 실제로 은인은 상대방의 상황을 구제함으로써 자기 자신을 구원한 것인데 말이다.

그래서 자존심이 있는 사람은 주어진 사물과 자신을 혼동하는 것, 다시 말해 자신의 자유를 부인하는 것을 단호하게 거절한다. 사람들이 그에게 무엇을 해주었더라도 그것이 자신의 존재에까지 영향을 미칠 것이라고는 생각하지 않는다. 그의 존재를 만드는 것은 그 자신일 뿐이다. 여기에 바로 아이와 부모의 사이를 갈라놓기 쉬운 오해의 원천이 있다. "너는 나로부터 생명을 받았다"고 아버지는 아들에게 복종을 요구하며 말한다. 그러나 하나의 생명을 준다는 것은 생명을 받은 사람의 자유까지 좌지우지할 권리를 의미하지 않는다. 아버지는 아이를 이 세상에 태어나게 했으므로 아이에게 최대의 은혜를 베풀었다고 생각한다. 그러나 아이는 알고 있다. 이 세상 속에서 자신이 현존해 있음에 의해서만 그에게 세계가 있다는 것을. 그는 자신의 기획에 의해서만 자기 자신일 수 있다. 태생이나 교육은 그가 반드시 지양해야 할 사실성facticité일 뿐이다. 사람들이 그에게 해 준 일은 상황의 한 부분이며, 이 상황을 초월하는 것은 바로 그의 자유이다. 그는 이런 상황 혹은 저런 상황에 있게 될 것이지만, 그 어떤 상황과도 일치하지 않는다. 왜냐하면 인간이란 항상 다른 곳에 있는 존재이므로.

헌신의 근본적인 오류는 타인의 가슴 속에 움푹 파인 구멍을 자기가 메울 수 있다고 생각하는 것이다. 미래를 겨냥할 때조차 그는 이러한 결핍을 상정한다. 어떤 아들이 결혼하고 싶어 한다. 이 결혼은 그에게 무거운 부담이 될 것이며 그를 비참하게 만들 가능성이 있다. 아버지가 결혼에 반대하며 이렇게 말한다. "나는 그 애의 행복을 위해 이렇게 하는 거요." 그러나 아직 실존하고 있지 않은, 자신 앞에 어떤 행복의 모습도 아직 그리고 있지 않은 아들을 위하여 아버지는 도대체 어떤 행동을 한다는 것일까? 아버지는 자기가 죽은 다음의 아들을 상상한다. 즉 근심 걱정에 짓눌린 비참한 사나이를 상상한다. 그리고는 자기 덕분에 부유하고 자유스럽게 된 아들을 상상한다. 그는 부유하고 자유스럽게 된 사나이 속에서, 자기 손으로 구제한 한 사람의 비참한 사나이를 발견하려는 것이다. 그러나 이 비참한 사나이는 어디에도 존재하고 있지 않다. 어떤 호소도 그 사나이의 입술에서 나오지 않는다. 거기에 메울 구멍 같은 것은 없다.

즐겁게 살고 있는 아이가 있다 하더라도, 그 아이는 자기를 낳아 달라고 부탁한 적이 없다. 어렸을 때 나는 가끔 태어나지 않은 모든 아이들을 생각하며 현기증을 느끼곤 했다. 태어나지는 않았지만 그들은 잠재적으로 어딘가에 실존하고 있고, 우리 귀에 들리지는 않지만 소리쳐 우리를 부르고 있고, 그들에게는 아직 메워지지 않은 구멍이 파여 있는 것처럼 생각되곤 했다. 물론 그것은 유치한 공상이었다. 생명이란 그 앞에 그 어떤 고통스러운 부재不在도 미리 놓여져 있지 않은 하나의 충만성이기 때문이다.

켈트의 전설에 이런 이야기가 있다. 예언가가 한 젊은 여인에게 예언을 했다. 그녀가 그날 밤에 아이를 낳으면 그 아이는 '훌륭한 승려'가 될 것이고, 다음 날에 낳으면 그 아이는 대왕이 될 것이라고. 그래서 그녀는 썩썩하게 밤새도록 돌 위에 앉아 있었다. 아이는 아침이 되어 겨우 태어났다. 머리가 납작한 아이였으나, 대왕이 되었다.* 이 경우 이 썩썩한 어머니가 아들을 위해 헌신한 부분은 별로 없다. 이미 아들은 존재하고 있으면서 다만 낳아주기만을 부탁했을 뿐이다. 그리고 미래에 관해 생각해 보자면, 만일 현명한 사제가 되었더라도 이 아이는 그것을 행복하게 생각했을 것이다. 왕을 선택함으로써 사제를 거부했지만 이 아이는 그 어느 지위에서도 자신의 운명을 충실하게 실현했을 것이다.

어떤 의미에서 인간이란 언제나 그가 장차 되려고 하는 바의 모습일 뿐이다. 왜냐하면 하이데거도 말했듯이 인간의 본질을 결정하는 것은 그의 실존existence이기 때문이다. 그렇다고 해서 그 젊은 어머니가 **그녀 자신**만을 위해서 행동했다고 믿어서는 안 된다. 헌신에 대해 잘못 생각하는 것과 마찬가지로 우리는 이해利害의 도덕성에 대해서도 많은 것을 잘못 생각하고 있다. 우선 자신의 속 혹은 타인의 속에 하나의 움푹한 구멍이 있다고 가

✱조르주 뒤메질Georges Dumézil에 의해 인용된 『호라티우스와 쿠리아스』.

정假定한다. 그리고 내가 행동할 수 있는 자리가 우선 파여져 있지 않다면 나의 행위는 불가능할 거라고 가정한다. 그러나 나의 행위는 타인의 부름을 기다리지 않는다. 나의 행위들은 그 어느 곳에도 미리 그려져 있지 않은 미래를 향해 분출한다. 나의 행위들을 만들어 내는 것은 언제나 미래이다.

이미 충만한 세계 속에서 또 하나의 무상無償적 충만성인 미래가 폭발한다. 사람들의 욕망은 타인을 위한 것도, 자신을 위한 것도 아니다. 인간은 오로지 **아무것도 바라지 않고**pour rien, for nothing 욕망한다. 이것이 바로 자유다. 전설 속의 젊은 어머니가 아들이 왕이 되기를 바란 것은 자신의 이득을 위해서가 아니었다. 현실 속의 어머니가 자기 아들이 강하고 부유하며 학식 있는 남자로 되기를 바라는 것 역시 자신의 이득을 위한 것이 아니다. 누구나 알고 있는 모성애의 감동적인 성질이 바로 이것이다. 우리들은 타인을 위해 출발점밖에 만들어 내지 않으며, 그러나 그 출발점들을 우리의 목적으로 삼지 않으면 안 된다.

관대한 사람이라면 자신의 행동이 고작 타인의 외부에만 도달할 뿐이라는 것을 잘 알고 있다. 그는 오로지 이 자유행동의 수혜자가 그 행동을 근거 없이 순수 사실성과 혼동하게 될 것을 경계할 뿐이다. 다시 말하면 그 자유행동이 어디까지나 자유로운 것으로 인정되어야 한다는 것이다. 은혜를 모르는 사람은 가끔 이러한 인정을 거절한다. 그는 자신이 타인의 자유에 의해 하나의 대상물로 여겨진다는 것이 싫은 것이다. 그는 자신의 자유만을 믿으려 한다. 은혜를 베푼 사람을 애써 무시하거나, 혹은 그에게서 단순히 기계적 힘만을 보려고 한다. 그는 이렇게 설명한다. 은혜를 베푼 사람은 허영으로, 그리고 잘난체하느라고 행동한 것이다, 라고.

그러나 은혜를 베푼 사람의 결심이 심리학적 결정론에 따른 것이라면, 그것은 더 이상 상대방을 불쾌하게 만들 이유가 없다. 이미 그것은 다른 많은 사실들 중의 한 사실에 불과하기 때문이다. 흔쾌하게 동의되는 사은謝恩이 이루어지려면 서로 배타적인 두 자유, 즉 타인의 자유와 나의 자유를 동등하게 대면시킬 수 있어야 한다. 나는 나 자신을 자유임과 동시에 대상으로서 파악하지 않으면 안 된다. 나의 상황은 타인에 의해 만들어진 것이고, 동시에 나의 존재는 그 상황 너머에 있다는 것을 인정해야만 한다.

빚을 갚는다는 얘기가 아니다. 정확하게 타인에게 되돌려질 수 있는 돈은 없다. 타인이 나를 위해 해 준 일과, 내가 타인을 위해 해 줄 일 사이에는 어떠한 척도도 없다. 사은의 모든 심리적 부담에서 해방되기 위해 어떤 사람은 선물로 은혜를 보상하려고 한다. 그러나 이 선물들은 상대방을 감동시키지 않는다. 때로는 불쾌하게 만든다. 이런 선물들은 마치 봉사奉仕의 가격처럼 보이고, 봉사의 가치를 사물의 가격으로 환산하는 것처럼 보인다. 사심 없는 행위에 대해 감사의 뜻으로 주는 팁은 모욕이다. 즉 그 행위가 무상無償적으로, 아무것도 바라지 않고 한 것이 아니라 어떤 이해관계에서 나온 것이라고 가정함으로써, 그 행위의 자유성을 부인하는 것이 되기 때문이다. 원래 관대함이란 자신이 자유임을 알고, 또 자유를 원하고, 그리하여 있는 그대로 인정되는 것 이외에는 아무것도 요구하지 않는 것이다.

명석한 관대성이 우리의 행위를 안내해야 할 것이다. 우리는 자신의 선택을 받아들이고, 타인의 새로운 출발점을 우리의 목적으로 삼아야 한다. 타인을 **위해** 무엇인가를 할 수 있다는 희망에 사로잡혀서는 안 된다. 헌신에 대한 검토가 우리에게 가르쳐 주는 것이 바로 이것이다. 즉 헌신한다는 주장은 결코 정당화될 수 없고, 헌신이 내세우는 목적은 불가능하다는 사실이다. 우리는 타인을 위하여 우리의 자유를 포기할 수 없을 뿐만 아니라, 온전히 한 사람을 위하여 행동할 수도 없고, 아니 그 어떤 사람을 위해 뭔가를 한다는 것 자체가 있을 수 없는 일이다. 왜냐하면 우리가 그에게 베풀 수 있는, 그 어떤 부동不動의 행복도 존재하지 않기 때문이다. 우리가 그를 안내할 낙원도 없다. 그의 참다운 행복, 그것은 그를 모든 여건 너머로 데려가는, 오로지 그에게만 속해 있는 자유이다. 이 자유는 우리의 손이 닿지 않는 곳에 있다. 신이라 할지라도 결코 그것을 붙잡지 못할 것이다.

나는 한 인간을 위해 아무것도 할 수 없을 뿐만 아니라 그 인간에 반대하여서도 무슨 일을 할 수 없다. 자기 아이를 잘 달

래지 못해 실망하는 어머니는 자신의 죄를 인정하지 않는 죄수 앞에서 분노하는 고문 집행자와 비슷하다. 고문 집행자가 무슨 일을 해도 소용없다. 스스로 자유로운 인간이기를 원하는 죄수 는 아무리 심한 고문을 당해도 여전히 자유일 것이기 때문이다. 투쟁과 고통은 희생자를 오히려 위대하게 만든다. 사람들이 그 를 죽일 수 있는 것은 오로지 그가 자기 속에 죽음을 안고 있기 때문이다. 이 죽음이 내일이 아니고 하필 오늘 일어났다고 해서 그것이 불행이라고 우리는 어떻게 말할 수 있겠는가? 어떻게 한 인간을 해칠 수 있는가? 소크라테스에게 독당근을 먹인 것이 그 를 해치는 것이었을까? 도스토옙스키를 형장刑場으로 보낸 것이 그를 해치는 일이었을까?

　물론 폭력은 존재한다. 인간은 자유임과 동시에 사실성이 다. 그는 자유롭다. 그러나 스토아학파들이 설정한 것과 같은 그 런 추상적인 자유는 아니다. 인간은 상황 속에서 자유롭다. 여기 서, 이미 데카르트가 우리에게 암시했듯이, 인간의 자유와 권능 을 구별할 필요가 있다. 인간의 권능은 유한有限하다. 다른 사람 이 외부로부터 그 권능을 증가시키거나 혹은 제한할 수 있다. 우 리는 한 인간을 감옥에 처넣을 수도, 끌어낼 수도, 팔을 하나 자 를 수도, 날개를 빌려줄 수도 있다. 그러나 그의 자유는 어떠한 경우라도 여전히 무한하다.

　자동차와 비행기는 우리의 자유에 관한 한 아무것도 변화시킬 수 없으며 그 점에서 노예의 쇠사슬 또한 아무것도 변화시키지 못한다. 즉 그는 자신의 자유의지에 따라 죽어 가거나 혹은 살기 위하여 자기의 힘을 집중한다. 자유의지에 의해 체념하고 혹은 반항하며 항상 자기 자신을 초월한다. 폭력이 효력을 발생할 수 있는 것은 다만 인간의 사실성과 그의 외부에 대해서 뿐이다. 자신의 목적을 향해 도약하는 인간을 폭력적으로 저지沮止할 때조차 폭력은 그의 심장을 찌를 수 없다. 왜냐하면 그는 자기가 내세운 목적 앞에서 여전히 자유이기 때문이다.

그는 성공과 자신을 혼동하지 않은 채 자기의 성공을 바라고 있다. 그는 자신의 성공을 초월하듯이 자기의 실패도 초월할 수 있다. 흔히 자존심 강한 사람들이 사은도 동정도 모두 거절하는 이유가 바로 이것이다. 그는 결코 충만되어 있지 않지만 그러나 결코 결핍되어 있지도 않다. 그는 결코 남이 자신을 측은하게 여겨 줄 것을 바라지 않는다. 즉 그는 자기 행복을 초월해 있는 것처럼 역시 자기 불행도 초월해 있다.

그러므로 우리는 타인에게 하나의 도구일 뿐이다. 칸트의 말처럼, 비둘기에 저항하면서 비둘기를 밑에서 받쳐주고 있는 공기와 마찬가지로, 우리가 그의 장애물일 때조차 우리는 타인의 도구가 된다. 아무 일도 일어나지 않는 사람이라면, 그는 아무것도 아니다. 그런데 무슨 일이든 그에게 일어나는 것은, 언제나 타인에 의해서이다. 그가 세상에 태어난 것부터 그렇지 않은

가. 물론 타인이 나의 도구가 되기를 거절한다면 나는 그를 도구로서 취급할 수 없다. 반대로 내가 그의 운명의 도구가 된다. 타인에 대한 우리의 행위가 매우 묵직하면서도 동시에 아무런 무게가 없는 듯 가볍게 느껴지는 것은 이런 이유 때문이다. 만일 내가 이 길을 가지 않았고, 그런 말들을 하지 않았고, 거기 없었더라면, 아마 타인의 삶은 전혀 다른 것이 되었을 것이다. 그러나 그것 또한 **그의** 인생이었을 것이다. 우리의 말이나 몸짓이 어떤 뜻을 가지게 되는 것은 타인에 의해서다. 그는 자유롭게 그 의미를 결정한다. 내가 존재하지 않았더라도 그의 주위에서 모든 것은 똑같이 충만되어 있었을 것이다.

그렇다면 우리들의 행위는 타인과 일체 아무런 관계가 없다고 결론을 내려야 할까?

전혀 그렇지 않다. 우리들의 행위가 타인과 아무런 관계가 없는 것은 그것들이 소위 스토아학파가 말하는, "우리 자신이 원하지 않는 것들"의 일부를 이루고 있기 때문이다. 그러나 그것들은 나와 관계가 있다. 그것은 **나의** 행위들이고, 나는 그것들에 대해 책임이 있다. 이 역설은 기독교에서 가장 분명한 예를 발견할 수 있다. 즉 기독교 신자는, **타인에게 있어서는** 신의 손아귀에 있는 도구일 뿐이다. 그러나 그는 **자신의** 모든 행위를 신에 빚지고 있다. 만약 질병과 가난이 모두 신이 바라는 시련이고, 영혼에 좋은 것이라면, 병자를 간호하고 가난을 경감하는 것이 무슨 보람이 있는가?

폭압적인 행위로 딸의 죽음을 유발하고 혹은 앞당겼던 한 아버지는 자신을 변명하며 이렇게 말한다. "나는 신의 손에 쥔 도구에 지나지 않았습니다." 이 기독교 신자는 자기를 통하여 행동하고 있는 것이 언제나 신이라고 생각한다. 비록 그가 이웃 사람을 유혹했다 할지라도 그것은 이웃 사람이 유혹되게 되어 있었기 때문이다. 그런데 그리스도는 이렇게 말한다. "죄를 범하게 하는 자, 화禍 있으라." 진지하고 신중한 기독교도라면 "나는 도구일 뿐이다"라는 비겁한 자기 옹호를 거절해야 한다. 왜냐하면 비록 타인에게 있어서 그는 구실에 불과하고, 또 구원 혹은 파멸의 기회에 불과하지만, 신 앞에서 그는 자유이기 때문이다.

내가 죽인 사람에게 있어서 죽음은 악이 아니다. 나의 범죄를 통해 그를 불러들인 것은 바로 신이기 때문이다. 그러나 그를 죽임으로써 나는 죄를 지었다. 타인에게 주어진 나의 행위는 어디까지나 나의 자유에 속하는 행위이다. 기독교적 견해에서 보면 사람이 무엇인가를 바라는 것은 결코 타인을 위한 것이 아니라 신을 위한 것이다. 그가 완수해야 할 것은 자기 자신의 구원이지 결코 타인의 구원이 아니다. 이것만이 그를 위해 존재하는 단 하나의 행복이다.

이 진리는 다른 말로 표현할 수 있다. 즉 그 자체로 자유인 타인은 나로부터 근본적으로 분리되어 있다. 나와 이 순수 내면성 사이에는 어떤 관계도 만들어질 수 없다. 데카르트가 역설했듯이, 신조차도 이 순수 내면성을 장악할 수 없다. 나와 관련이 있는 것은 내가 설정한 타인의 상황이다. 타인이 자유라고 해서 내가 이 상황의 책임을 회피할 수 있다고 믿어서는 안 된다. 타인의 자유는 그 타인의 일이지, 나의 일이 아니다. 나는, 내가 할 수 있는 일, 내가 하는 일을 책임지기만 하면 된다. 모든 회피나 횡포를 허용하는 것 같은 편리하고도 잘못된 사고방식이 있다. 배불리 먹으며 만사태평인 이기주의자는 말한다. "실업자, 죄수, 병자들은 역시 나처럼 자유인이다. 인간이 최악의 상태에서도 역시 자유로 있을 수 있다면 왜 전쟁이나 가난을 거부하겠는가?" 그러나 가난한 사람만이 자기의 가난을 자유라고 말할 수 있다. 그를 돕지 않고 있는 나는 그야말로 마음이 가난한 자일 것이다. 나에게 이 가난을 거절하거나 받아들일 자유는 절대로 없다. 그런 자유는 정말로 가난에 시달리는 사람에게만 있다. 내가 그 가난을 받아들이거나 혹은 거절하는 것은 그 가난한 사람을 위해서가 아니라 **나의** 자유를 위해서인 것이다.

　　나는 받아들이거나 거절하지 않으면 안 된다. 나는 타인을 위해서도, 타인에게 거역해서도 그 무엇 하나 할 수 없다. 그렇다고 해서 타인과 나와의 관계에서 내가 해방되는 것은 아니다. 왜냐하면 내가 무엇을 하든, 나는 그의 앞에 존재하고 있기 때문이다. 그에게 있어서 내 모습은 그를 둘러싼 모든 성가신 존재들과 별반 다를 것이 없다. 나는 그의 상황의 사실성이다. 이때부터 타인은 자유가 된다. 오로지 이때부터. 그러나 완전한 자유가 아니고, 이것 혹은 저것에 대한 자유, 또는 나에 대한 자유이다. 타인에게 부담을 주는 숙명은 언제나 우리 자신이다. 즉 숙명이란 모든 타인이 딱딱하게 굳은 표정으로 한 사람 쪽을 바라보고 있는 그러한 상태이다. 도스토옙스키가 "각자는 모든 사람에 대해, 모든 일에 책임이 있다"고 말한 것도 이런 의미에서이다. 부동의 자세이건, 아니면 마구 움직이는 자세이건 간에, 우리는 언제나 지구 위에 올라앉아 있다. 모든 거절은 선택이고, 모든 침묵은 목소리이다. 우리의 수동성조차 우리 의지의 소산이다. 선택하지 않기 위해서는 선택하지 않는다는 것을 또한 선택해야 한다. 선택에서 도망친다는 것은 불가능한 일이다.

소통

타인과 나와의 관계에 대한 일차적 분석은 나를 다음과 같은 결론으로 이끈다. 즉 타인은 나에게 아무것도 바라지 않는다. 그는 내가 메꾸어야 할 공허가 아니다. 나는 타인에게서 나에 대한 그 어떤 정당화도 발견할 수 없다. 그런데도 나의 행위 하나하나는 세계 속에 떨어지면서 타인에게 새로운 상황을 만들어준다. 이 행위들을 나는 책임져야 한다. 그중 어떤 상황은 내가 원한 것이고, 또 어떤 것은 내가 거부한 것이다. 그렇다면 그 상황들 중에서 왜 어떤 것은 나와 무관한 것으로 보이지 않고, 왜 어떤 것은 내가 선택을 하는가? 어떤 점에서 그것들은 나와 관계가 있을까? 타인과 나의 참다운 관계는 무엇일까?

　우선 잘못된 객관성의 오류에서 벗어날 필요가 있다. 기존의 관념에 젖어있는 사람은 건강, 부, 교육, 안락 등을 마치 그 평가액이 하늘에 기입되어 있거나 한 것처럼 확고한 행복이라고 생각한다. 그러나 그는 환상에 속고 있는 것이다. 내가 정하지 않은 기존의 가치란 존재하지 않는다. 가치의 등급들은 내 결정에 달린 문제이다. 한 사람의 행복은 그가 자신의 행복으로서 바라는 어떤 것이다. 그러나 이 의지만으로 나의 행복을 결정하기에는 충분치 않다. 과연 이 사람은 **자기의** 행복에 도달하는 것일까?

우리가 앞에서 보았듯이 동일한 한 사람의 인간도 자체 내에서 분열되어 있다. 그의 현재와 미래 가운데 때때로 우리는 어느 한쪽을 선택하지 않으면 안 된다. 그리고 세계에는 하나의 인간만이 있는 게 아니다. 여러 사람들의 행복은 각기 서로 다르다. 그들 중의 어떤 사람들을 위해서 일하는 것이 어느 때는 다른 사람들을 거역하는 일이 된다. 사람들**의 행복**을 바란다는 말로 태평스럽게 합리화해서는 안 된다. 우리가 결정해야 할 것은 바로 **우리들의** 행복이다. 칸트의 도덕론의 오류는 우리 자신의 세계 내 현존을 사상捨象해 버린 것이다. 그리하여 그 도덕은 추상적 공식으로 귀결되었다. 일반적인 인격에 대한 존경만으로는 우리를 도덕으로 인도하기에 충분하지 않다. 왜냐하면 우리는 각기 대립되고 분리된 개인들을 상대로 하고 있기 때문이다. 인격은 죄수에게도 그리고 고문 집행인에게도 들어 있다. 죄수를 죽게 내버려 둘 것인가 아니면 고문 집행인을 죽일 것인가?

앞에서도 보았지만, 만일 내가 나의 세계 내 존재를 완전히 지우고 아무런 인간적인 관점도 채택하지 않은 채 인간들의 상황을 판단한다는 모순적인 주장을 한다면 그 상황들은 상호 간에 아무런 차이도 없는 듯이 내게 보일 것이며 나는 그 어떤 것도 원할 수 없게 될 것이다. 고요한 정관靜觀의 태도는 어떤 선호選好도 허용하지 않는다. 그것은 무관심만을 줄 뿐이다.

주체가 대상을 넘어설 때에만 선호라는 것이 있을 수 있다. 즉 인간은 어떤 한정된 관점에서, 그리고 어떤 하나의 목적을 위해서만 선택을 한다. 저 과일보다 이 과일을 더 좋아하는 것은 이 과일을 먹기 위해서이거나 혹은 그림으로 그리기 위해서이다. 그러나 만일 이 과일을 가지고 할 일이 하나도 없다면 선호라는 말은 모든 의미를 잃게 된다. "당신은 산을 좋아합니까? 아니면 바다를 좋아합니까?"를 "당신은 산에 살고 싶습니까? 아니면 바다에 살고 싶습니까?"로 해석하지 않으면 안 된다.

옷을 만들거나 자전거를 타고 싶다는 생각을 하지 않는다면, 자전거와 재봉틀 중의 하나를 선택하는 일은 있을 수 없다. 과거의 어떤 순간이 내게 더 좋게 혹은 더 나쁘게 나타나는 것은 내 스스로의 기획에 의해 내가 그것을 초월하는 한에 있어서이다. 문화의 개화開花를 원한다면 나는 중세보다 르네상스를 더 좋아하게 될 것이다. 나는 르네상스를 **나의** 목적으로 향하는 행보로 생각할 것이다. 내가 정한 목표와의 관계 속에서만 나는 진보를 말할 수 있다.

그러나 내가 모든 상황의 밖으로 나간다면 모든 여건들이 내게는 똑같은 것으로 보일 것이다. 이렇게 되면 역사의 여러 다른 순간 중에서 하나를 선택한다는 것은 나에게는 불가능한 일이 된다. 그 순간들은 모두가 초월적 도약의 응고된 상태를 재현하고 있다는 점에서 동질적인 여건으로 보이기 때문이다. 동질적인 여건들조차 각기 특이한 실존적 사실성을 갖고 있다는 점에서 근본적으로 상호 이질적이다. 하지만 동일성의 한가운데에서도, 절대적 분리 속에서도 등급을 정한다는 것은 불가능한 일이다. 말馬의 완전미와 개의 완전미를 비교할 수 없다고 한 스피노자의 말은 당연하다. 성당 건축가의 삶과 비행사의 삶 중 어느 쪽이 **그 자체로** 가치가 있는지 어떻게 결정할 수 있겠는가? 그들에게 공통적으로 들어 있는 인간적 본질을 고려하면 각자의 가치는 각기 완벽하다.

몽테스키외의 「진짜 옛날이야기」에 다음과 같은 이야기가 있다. 어느 날 하느님이 어떤 가난뱅이 앞에 나타나 임금, 부유한 지주, 혹은 유복한 상인 등 무엇이나 바라는 대로 만들어 주겠다고 했다. 언제나 이 가난뱅이는 그런 사람들의 행복을 부러워하고 있었다. 가난뱅이는 주저하다가, 결국 어떤 교환도 정하지 못하고 그냥 자기 자신으로 머물고 말았다. 사람은 누구나 타인의 운명을 부러워하지만, 어느 누구도 타인이 되는 것을 받아들이지 않는다고 몽테스키외는 결론지었다. 사실 나도 타인의 상황을 부러워한다. 단 그것이 내가 넘어설 수 있는 출발점일 때에만 그러하다. 그러나 자체 속에 갇혀 응고된, 나와는 아무 상관이 없는 타인의 존재는 어떤 욕망의 대상도 될 수 없다. 내가 욕망하고, 선호하고, 거절하는 것은 내 삶의 한가운데에서다.

"어떤 걸 선택할까?"라는 질문에 우리가 대답할 수 있는 것은 우리 각자가 실제로 자기 생명의 한가운데에 있기 때문이다. "내가 제일 큰 거 먹을래"라고 아이는 지금 엄마가 막 잘라 놓은 케이크를 탐욕스럽게 바라보며 말한다. "왜 다른 사람이 아니고 네가 먹어야 해?"라고 물으면 아이는 "왜냐면 내가 바로 나니까"라고 대답한다. 장사를 잘하는 장사꾼은 손님 마음에 이 특권의 맛을 심는 요령을 터득하고 있다. "20프랑으로 해드리지요. 하지만 이건 사모님이기 때문입니다"라고 그는 주부인 고객의 마음을 한껏 맞추어 준다. 그러면 그녀는 쉽사리 이 상인의 말을 믿는다.

그렇다면 내가 이런 특별한 사람이 아니고 익명성의 '그저 아무나n'importe qui, anybody'가 되는 것은 어째서일까? 다른 사람들은 객체로서만 존재한다. 오로지 우리만이 우리의 내면성과 자유 속에서 자신이 하나의 주체임을 확인한다. 앞에 말한 아이와 주부의 순진성은, 그들의 특권이 타인의 눈에도 역시 특권일 거라고 생각하는 데에 있다. 각자는 모두 자기 자신에게만 주체일 뿐이다. 그리고 타인의 눈에는 '그저 아무나'일 뿐이다. 그 어떤 도덕도 나로 하여금 이 타인의 관점을 실현시키도록 요구할 수는 없다. 그렇게 되면 존재 자체가 끝장날 것이다. 나는 존재하고 있고, 타인 앞에서 상황 속에 존재하고 있으며, 타인이 무심하게 있는 그 상황의 앞에서 존재하고 있다. 내가 선택하고, 의

욕意慾할 수 있는 것은 바로 이 때문이다.

그러므로 타인 앞에 있는 **나의** 상황이 무엇인가를 결정하는 것이 현재 우리에게 가장 필요한 일이다. 단지 여기서부터만 우리는 우리 행위의 근거를 찾아내려는 시도를 할 수 있기 때문이다.

장 폴 사르트르가 "부정성否定性"이라고 부른 것, 즉 공허, 결핍, 부재가 세계 속으로 들어오는 것은 오직 인간의 현존에 의할 뿐이라는 것을 우리는 앞에서 보았다. 어떤 사람들은 이 기능을 사용하기를 거부한다. 그들의 주위에서는 모든 것이 충만하고, 그 외의 어떤 것을 위한 어떠한 자리도 없기 때문이다. 그들은 모든 새로운 것들에 두려움을 느끼므로 개혁改革도 강제로 부과해야만 한다. "이런 발명품 없이도 옛날에는 잘 살았다"고 그들은 말한다. 그러나 또 다른 사람들은 기다리고 있다. 그들은 희망하고 요구한다.

그러나 그들이 요구하는 것은 **나**가 아니다. 그들에 의해서 내가 필요한 존재가 되는 것은 내 존재의 개별성 속에서다. 내가 쓰는 책은 미리 정확하게 그 형태에 맞게 파여진 구멍을 메우러 오는 것이 아니다. 우선 그냥 책이 만들어진다. 그리고 일단 책이 존재하면 이 현존을 부재의 이면裏面으로 파악하는 것은 독자들이 할 일이다. 독자의 자유만이 그것을 결정한다.

"철도나 비행기가 없었던 옛날에는 어떻게 살았을까? 라신느Jean Baptiste Racine 없는 프랑스 문학, 또는 칸트 없는 철학을 상상이나 할 수 있을까?" 인간은 지금 현재의 만족을 넘어서, 자기 뒤로, 회고적으로, 하나의 필요를 던져 놓는다. 물론 그가 살고 있는 지금, 비행기는 하나의 필요에 부응한다. 그러나 그것은 그 물건이 존재함으로써 생겨난 필요이고, 더 정확히 말하면 그것의 존재로부터 사람들이 만들어 낸 필요이다.

우리가 세계 속에 출현시키는 이 새로운 충만성은 곧 인간의 자유이다. 그 충만성에 자리를 하나 만들어 주는 것은 다름 아닌 인간의 자유이다. 그 자리는 과거부터 지금까지 그곳에 줄곧 있는 자리가 아니다. 그것을 만든 것은 우리가 아니고, 우리는 다만 그것을 가득 채울 하나의 대상을 만들었을 뿐이다. 다만 타인만이 그 대상의 필요성을 만들어 낼 수 있다.

모든 부름, 모든 요구는 타인의 자유에서 나온다. 내가 만들어 낸 대상이 유익한 것으로 보이기 위해서는 타인이 그것을 유익하게 생각해야만 한다. 그때에만 나는 유익한 물건을 만들어 냈다는 정당성을 얻게 된다. 타인의 자유만이 나의 존재를 필요한 것으로 만들어 준다. 그러므로 나에게 본질적으로 필요한 것은 나의 면전에 자유로운 사람들을 존재하게 하는 것이다. 나의 기획이 모든 의미를 잃는 것은 남이 나의 죽음을 선고할 때가 아니라 세계의 종말을 선고할 때이다. 모멸侮蔑의 시대는 또한 절망의 시대이기도 하다.

그러니까 각자가 자신을 초월하는 것은 타인을 **위한** 것이 아니다. 사람들은 책을 쓰고 기계를 발명하지만 그것들은 그 어디에서고 요구된 적이 없다. 그러나 자기를 **위한** 것도 아니다. 왜냐하면 '자기'라고 하는 것은 그것을 세계 속에 던지는 기투의 행위에 의해서만 존재하기 때문이다. 초월이라는 사실은 모든 목적, 모든 정당화에 선행한다. 그러나 우리가 세계 속에 던져지자마자 곧 우리는 우연성으로부터, 그리고 순수 현존의 무상성無償性으로부터 도망치려 한다. 즉 우리는 자신들의 현존이 탄탄한 토대 위에서 필요한 것이 되기 위해 타인을 필요로 한다.

헤겔이 생각하듯이 우리 속에는 자아의 순수추상 형태가 있는 것이 아니다. 나의 행위들, 작품들 그리고 인생 속에서 실현되고 있는 그대로의 내 존재를 나는 세계 안에 유지시키려 한다. 내가 타인과 교류할 수 있는 것도 오로지 내가 세계 안에 존재하게 한 그 대상들을 통해서이다. 내가 이 세상에 아무것도 존재하게 하지 않았다면 나와 관련된 그 어떤 소통이나 정당화도 있을 수 없다.

그러나 대부분의 사람들이 여기서 속아 넘어간다. 경박함과 게으름에 의해, 때때로 사람들은 자기가 참여하지 않은 일에서 자기 존재를 발견하려 하고, 자기가 만들어내지 않은 물건을 자기의 것으로 선언하기도 한다. 그는 자기와 상관없는 이런 일들을 자기 것으로 만들기 위해 타인의 동의를 구하려 한다. 이렇게 함으로써 자신이 큰 이득을 본다고 생각하는 것이다.

자신의 조상祖上이라든가, 재산, 또는 잘 생긴 외모 등을 자랑하는 사람을 우리는 멍청한 자아도취자로 낙인찍는다. 하찮은 어치[새 이름]가 공작의 깃털을 꽂는 경우도 있다. 록사나의 발코니 밑에서 잘 생긴 크리스티앙이 시라노의 목소리를 흉내 낸다. 그러나 록사나가 사랑하고 있는 것은 시라노*이다. 우리가 정말로 우리 자신을 염려한다면 우리는 '가짜 이유를 만드는 것으로', 즉 우리의 것이 아닌 장점을 통해 타인의 사랑을 받거나 칭찬받기를 거절할 것이다. 그래서 어떤 여자들은 화장하지 않은 채 사랑받기를 원하고, 어떤 남자들은 익명으로 사랑받기를 원한다.

허영심이 많은 사람들은 타인이 자신의 존재를 장악하고 있는 것으로 잘못 생각하고, 이 귀중한 부富를 깜짝 속여 자기가 낚아챌 수 있다고 생각한다. 그러나 내가 존재하기 위해 나 자신이 했던 것과 마찬가지로, 타인도 그 자신이 존재하기 위해 필요한 차원을 자기 몸에 걸쳤을 뿐이다. 그러므로 자기가 우선 하는 것이 중요하다. 이런 의미에서, 자신을 찾는 사람은 자신을 잃을 것이고, 자신을 잃음으로써만 자신을 찾을 수 있다는 격언은 매우 합당한 말이다. 어떤 형상形狀이 주어지기도 전에 타인의 눈目 속에서 나를 찾는다면, 그러한 나는 아무것도 아닌 인간이다. 내가

*에드몽 로스탕Edmond Rostand의 희곡 『시라노 드 베르주라크』에 나오는 이야기. 기형적으로 큰 코에 대한 콤플렉스 때문에 사랑을 고백하지 못하고 친구를 위해 대필하는 편지 속에 마음을 담아야 했던 시라노의 낭만적 사랑을 그리고 있다.

하나의 형태, 하나의 존재를 취하는 것은 사랑 또는 행동을 통해 우선 나 자신을 세계 속에 던졌을 때일 뿐이다.

나의 존재가 타인과 소통하는 것은 오직 내 존재가 관여한 대상들에 의해서이다. 그러나 결코 완전히 보상되는 것은 아니라는 사실을 감수해야 한다. 평생에 걸쳐 진행되는 기획이 있고 어떤 기획들은 한순간에 끝나기도 한다. 그러나 그 어떤 기획도 내 존재의 총체를 표현하지는 않는다. 왜냐하면 그런 총체는 **존재하고 있지 않기** 때문이다.

우리는 가끔 어떤 환상에 속는다. 내가 사람들의 칭송을 받는 한 두 구절의 시를 쓴다면, 나는 나의 먹는 방식, 잠자는 방식에 이르기까지 내가 필연적인 존재라고 마음속으로부터 생각하게 된다. 그것은 나의 자아가 흩어져 있는 동시에 하나이기 때문이다. 이 자아는 모든 점에서 완전히 미개인의 초자연력과 비슷하다. 미개인은 누가 그의 머리카락 하나만 잡아도 그의 초자연력 전체가 잡힌 것으로 생각한다. 마찬가지로 우리들의 행위 하나에 주어지는 칭송이 우리들의 전존재全存在를 정당화하는 것이라고 우리는 생각한다. 이런 이유로 우리는 자신이 어떤 이름으로 불리기를 바란다. 이름은 대상 속에 마술적으로 집합된 나의 총체적 현존이기 때문이다. 그러나 실제로 우리의 행위들은 분산되어 있다. 우리는 행위를 하고 있는 한에서만, 다시 말해 분열된 존재 속에서만 타인을 위하여 존재한다.

소통이 **무엇인지** 아는 것이 우선 필요하지만 누구와 소통할 것인지 그리고 무엇을 소통할 것인지를 아는 일도 나에게는 여전히 중요하다. 남들로부터 이것저것 가리지 않고 아무 동의나 마구 구하는 것은 그 역시 허영에 불과하다. 그것은 드 몽테를랑 씨M. de Monterlant*가 자신이 경멸하는 비평을 칭송하고, 자신이 바보 같다고 평가한 대중의 찬양을 갈구했던 것과 같다.

사실 내가 만들어 낸 대상을 필연적인 것으로 만들어 줄 능력을 타인이 소유할 수 있도록 내가 그 대신 그것을 초월할 필요는 없다. 타인의 존재가 한정된 것, 유한한 것으로서 내게 보이자마자, 그가 나를 위해 지상에 만드는 장소는 그 자신처럼 우연적이고 공허한 것이 될 수밖에 없다. "그는 나를 필요로 하고 있다. 그러나 나에게 그는 어떤 필요성이 있는가? 자기 자신도 정당화할 수 없는 이 존재가 어떻게 나를 정당화해 줄 수 있을까?"

요염한 여자는 자기에게 애태우는 남자를 역겨운 듯이 바라본다. 그녀의 미모가 그녀의 거울 속에서 별것이 아닌 것으로 비추어졌다면, 아마 그 남자의 눈에도 역시 그렇게 비쳤을 것이다. 많은 여자들이 공동주택 관리인의 의견에 따라 자기 연인을 버렸다면, 그것은 그 연인이 한 사람의 남자에 지나지 않기 때문이다. 그러나 관리인은 공중公衆의 목소리이고, 실존하면서도 무한히 확산되는 저 신비한 **사람들**이다.

*Henry de Monterlant: 프랑스의 소설가, 극작가.

한 작가는 누군가가 "사람들이 당신을 칭찬합니다"라고 말하면 득의만만하여 얼굴을 치켜든다. 그러나 자신을 찬양하는 사람의 이름을 알려주면 낙담한다. 대체로 가까운 사람들의 비방이나 평가는 우리들에게 별 감흥을 주지 않는다. 우리는 그들이 우리를 찬양하는 이유를 너무나 잘 알고 있기 때문이다. 우리는 그것들을 예견할 수 있고 또 초월할 수도 있다. 어떤 부모들은 아들이 더 이상 자신들의 권위를 인정하지 않고 자신들의 친구만 존경하는 것에 분노한다. 그 친구는 아이가 초월하지 못한 한 사람의 낯선 인간이다. 반면에 부모는 아이 앞에서 물체처럼 응고된 대상이다.

열등감으로 괴로워하는 사람에게 아무리 긍정적인 말을 해주어도 확신을 갖지 못하는 이유가 바로 이것이다. 그를 인정하는 것은 특정한 개인일 뿐인데, 그는 그 개인을 초월하여, 미지의 수많은 신비한 사람 쪽으로 향한다. 그 미지의 사람 앞에서 그는 자신을 하찮은 사람으로 느낄 수밖에 없다. 반대로 어떤 사람은 자신을 인정받지 못한 천재로 생각한다. 그를 비난하는 사람들은 유한한 개인들에 지나지 않으므로 그는 그들의 비판을 무시한다. 그리하여 더 깨어 있고, 더 공평하고, 더 자유로운 후손들에게 호소하는 것이다.

그러나 지금 내 앞에서 당장 필요한 것은 하나의 자유이다. 자유는 내가 초월할 수 없는 유일한 실재이다. 끊임없이 자신을 초월하고 있는 것을 어떻게 초월하겠는가? 만일 어떤 하나의 존재가 순수한 자유로 내게 나타난다면, 그리고 스스로의 존재를 완벽하게 정립할 수 있다면, 그는 내가 만든 것을 자기 나름으로 다시 가공함으로써 내 업적까지도 정당화해 줄 수 있을 것이다. 그러한 존재가 있다면, 그것은 신일 것이다.

사랑, 공포, 찬탄, 존경 등의 마술은 한 인간을 신으로 바꿀 수 있다. 겸손한 숭배자는 자신을 한갓 사물로 생각한다. 그리고 그가 보기에 그의 우상은 그 누구 앞에서도 사물이 아니다. 이 지고至高의 순수 자유를 우리는 어떻게 초월할 수가 있겠는가? 그 너머에는 아무도 없는데.

그런데 갑자기 다른 자유가 내 눈앞에 나타난다면 매혹은 사라지고 만다. 나는 열세 살 때 경험한 불쾌감을 기억한다. 내가 무척 좋아했던 친구 한 명이 우리 아버지의 견해를 격렬하게 비판했다. 그 애는 우리 아버지를 비판하고, 아버지는 아버지대로 그 애를 비판했다. 그래서 나는 친구에게는 우리 아버지를 이해하라고 호소하고, 아버지에게는 친구를 이해하라고 호소했다. 이렇게 왔다 갔다 하는 사이에 절대성이 사라지고 말았다. 더 이상 나는 어느 쪽에도 안주할 수 없었다. 나의 당혹감은 오래 지속되었다. 도대체 나는 누구의 기분을 맞추어야 할까?

내가 상대하는 것은 하나의 자유가 아니라 **여러 개의** 자유이다. 그리고 명백히 그 자유들은 모두 자유이므로 자기들끼리 서로 일치하기가 매우 힘들다. 칸트의 도덕률은 인류 전체가 일치할 것을 명령했다. 그러나 인류의 화해가 이루어지는 천공天空은 세상에 없다는 것을 우리는 앞에서 보았다.

어떤 작품들이 더 이상 논의되고 있지 않다면 그것은 그것들이 더 이상 우리들을 감동시키지 않기 때문이다. 그것들은 박물관의 전시 품목, 유물이 되었다. 단지 그것들이 역사에 기록되어 있다는 것만으로 정당화된다고 믿어서는 안 된다. 물론 소포클레스나 말레르브*가 없었다면 문학은 지금의 문학이 될 수 없었을 것이다. 그러나 이 사실은 그들 작품에게 어떤 필연성도 부여하지 않는다. 왜냐하면 문학은 반드시 지금 그러한 바의 모습과 같을 필요는 없기 때문이다.

여기서 칭찬도 비방도 허용하지 않는 보편적 견해를 우리는 다시 발견하게 된다. 보편적 견해에는 그 어떤 표지도 미리 움푹하게 파여져 있지 않다. 성공은 하나의 목적을 앞에 세우고 있는 한정된 계획에 의하지 않고는 이룰 수 없는 것이다. 그리고 이 계획의 뒤에는 과거로부터의 어떤 부름이 움푹하게 파여져 있다.

모든 것을 사랑한다고 주장하는 애호가dilettante는 아무것도 사랑하지 않는다. 랭보, 혹은 세잔의 존재를 상찬하기 위해서는 우선 다른 모든 시보다 하나의 시를, 다른 모든 그림보다 하나의

*François de Malherbe´: 프랑스의 시인. 고전주의 최대의 이론가로서 시평에 능하였다.

그림을 선택해야 한다. 한 대상의 과거 모습이 필연적인 것으로 포착되는 것은 오로지 미래의 개별적 선택이 그 대상물 쪽으로 역류할 때일 뿐이다. 우리의 기투 대상이 보존되는 것도 타인이 그것을 초월하면서 감싸 안아 하나의 미래를 만들어 주기 때문이다. 다시 말하면 새로운 대상들이 미래를 위하여 과거의 그 실재를 보존했을 때뿐이다.

그러므로 우리는 단순히 말로만 하는 동의에는 만족할 수 없다. 허영이 있는 사람들만이 그것에 만족한다. 왜냐하면 그들은 존재의 공허한 외관만을 추구하기 때문이다. 그러나 좀 더 까다로운 사람이라면, 말이라고 하는 것이 그가 만들어 놓은 대상을 필요 불가결한 것으로 만들기에 불충분하다는 것을 알고 있다. 그는 땅 위에 실제의 장소가 자기를 위해 마련되어 있기를 요구한다.

누군가 나의 이야기를 귀담아듣는 것만으로는 충분하지 않다. 듣는 사람이 나의 말을 탐욕스럽게 기다려야만 한다. 여자는 미지근한 칭찬에 곧 싫증을 낸다. 그녀는 사랑받고 싶어 한다. 왜냐하면 사랑만이 그녀로부터 본질적인 필요를 만들어 내기 때문이다.

작가가 바라는 것은 단순히 자기 책이 읽히는 것만이 아니라 영향력이 있는 것이다. 모방되고 성찰되기를 원한다. 발명가는 자기가 발명한 도구를 사람들이 사용하기를 요구한다. 그러나 인간의 기획들은 산산이 흩어져 있고 서로 싸우기까지 한다.

나의 존재 또한 영구히 분열되도록 운명 지어진 것처럼 보인다. 동맹자는 배반자이기도 하고, 존경스러운 현자賢者는 부패한 사람일 수도 있다. 어떤 인물도 그의 하인에게는 위인으로 보이지 않는다. 나는 하인과 더불어 위인을 비웃을 수도 있다. 그러나 위인과 그 친구들은 또 우리들을 비웃을 것이다. 내가 하인을 비웃을 때 이 하인은 또 위인과 더불어 나를 비웃을 것이다. 그렇지만 만약 내가 만인萬人을 비웃는다면 나는 세상에서 단 한 사람이 되고, 만인이 나를 비웃을 것이다.

가장 편리한 해결책은 나를 거북하게 만드는 비판을 받아들이지 않는 것이다. 그런 비판을 하는 사람을 단순한 물체로 보고 그들의 자유를 부인하는 것이다. 퇴폐기의 로마인들은 자기들을 위해 일하며 괴로워하는 사람들을 보고 그들을 저주하면서, '저것들은 야만인들이야, 노예들이야'라고 생각하였다. '저건 검둥이다'라고 버지니아 주의 농장 주인은 생각했다. 그 기생적寄生的 사회는 주인들에게 착취당하는 사람들의 의식을 무시하고 오직 주인들을 옹호하려 애썼는데, 그것은 엄격한 금기의 방식을 통해서였다. 노예들은 인간으로 인정될 필요가 없었다. 어떤 백인 여자는 인도차이나의 소년 앞에서 예사로 옷을 벗었다고 한다. 그들 황인종은 그녀의 눈에는 인간이 아니었던 것이다.

바로 이때 이 기식자寄食者는 자기가 사용하는 대상의 인간적인 성격을 인정하지 않는다. 그는 낯선 자연 한가운데에서, 타성태惰性態의 사물들 사이에서, 사물들의 거대한 무게에 짓눌려 어떤 신비한 운명에 예속되어 살고 있는 것이다. 도구, 기계, 집, 그리고 자기가 먹는 빵 안에서 그는 그 어떤 자유의 표지도 알아보지 못한다. 다만 물질이 있을 뿐이다. 그런데 물질에 의존하는 한, 그도 또한 물질일 수밖에 없고 수동성일 수밖에 없다. 사물에 대한 인간의 우위를 제거함으로써 그 자신도 사물 사이의 사물이 되어 버린다. 그리고 이 변신에서 그는 아무것도 얻지 못한다. 좀 더 안전하게 자신의 봉사자들에게 마법의 물약을 먹여 그들을 동물로 바꾸어 버린다 해도, 그렇다고 해서 자기들 인간들 사이에 어떤 화해가 실현되는 것도 아니다. 이 새로운 종류의 동물 앞에서 주인들은 역시 또 하나의 분열된 인류가 될 것이다. 기생자는 자신의 동류에게로 되돌아갈 때에만 다시 인간이 될 수 있는데, 그러나 그때 그는 동류들의 자유 앞에서 다시 위험을 발견하게 될 것이다.

　인간은 자기 멋대로 다른 사람을 물건 취급할 수 없다. 금기, 편견 및 맹목적 의지에도 불구하고 주인은 자기가 노예를 향해 말을 해야 한다는 것을 알고 있다. 사람은 오로지 다른 사람들하고만 말하게 되어 있다. 언어는 타인의 자유에 대한 호소이다. 왜냐하면 기호記號는 그것을 포착하는 다른 의식에 의해서만 기호이기 때문이다. 그는 자신을 보는 노예의 시선을 느낀다. 남의 시선에 의해 바라보여지자마자 그는 곧 대상이 된다.* 잔인하건, 겁쟁이건, 과감하건, 우유부단하건, 여하튼 그는 한 사람의 폭군이 된다. "이것이 바로 노예근성이다"라고 생각하면서, 설사 그가 이 초월성을 초월하려고 시도하더라도, 노예 또한 이러한 사유를 초월한다는 것을 그는 잘 알고 있다.

이와 같은 투쟁 속에서 노예의 자유는 그 자유를 제압하려는 주인의 방어 그 자체에 의해 역설적으로 승인된다. 모든 사람은 자유다. 우리가 그들과 관계를 맺는 즉시, 우리는 곧 그들의 자유를 느낀다. 만일 우리가 이처럼 위험한 자유를 무시하고자 한다면 우리는 모든 인간으로부터 등을 돌려야만 할 것이다. 그러나 그렇게 되면 우리의 존재는 수축되어 완전히 소멸될 것이다. 세계 속에서, 그 세계를 사로잡고 있는, 각기 소원疎遠하고 분열된, 위험한 자유들 앞에서 위험을 감수할 때에만 우리의 존재는 실현된다.

그러나 우리는 이 자유들에 대하여 한 가지 수단을 가지고 있다. 그것은 어리석은 맹목성이 아니라 투쟁이다. 타인이 자신의 자유를 가지고 우리를 초월하지만 우리 또한 우리의 자유로 그를 초월할 수 있다. 생텍쥐페리의 『전시 조종사』에서 패전이 임박했을 때, 위험한 임무를 띠고 이륙하는 비행사가 자신에게 묻는다. "누가 나의 증인이 될 것인가?" 그는 어떤 증거에도 기대를 하지 않는다. 자기가 바로 타인들의 유기遺棄와 비겁한 행

＊사르트르의 『존재와 무』 p.330, NRF, 1943.

위의 증인이기 때문이다.

　나는 아무나 나를 인정해 줄 것을 원하지 않는다. 왜냐하면 우리의 자유가 관여하는 기획의 성취를 우리는 타인과의 교류 중에서 구하기 때문이다. 그러므로 타인은, 내가 나의 것이라고 인정하는 미래를 향하여 나를 던져 주어야만 한다. 만일 나의 행동이 내 반대자들에게 유효한 것이 되면서 영속永續한다면 이것은 나에게는 지독한 실패가 될지도 모른다. 타인이 나에게 필연성을 주는 수단인 그런 기투는 역시 나의 기투이어야 한다.

　내가 기꺼이 받아들이는 비방이나 증오도 있다. 보수주의를 비판하는 혁명가는, 자기가 상대방의 눈에 하나의 적대세력으로 비치기를 원한다. 거트루드 스타인*이 회고록에서 밝힌 바에 의하면 페르디난드 피카소**가 자기 모자에 만족한 것은 석공이나 토목공사 인부들이 그녀의 모자를 보고 분개하여 소리 지르는 것을 들을 때뿐이었다고 한다. 그도 그럴 것이 그녀에게는 멋 부리는 것이 평범한 상식에 대한 도전으로 생각되었기 때문이다. 우리가 어떤 기획에 대항하여 싸우려고 하면 우리는 그 기획 앞에 하나의 장애물로서 나타나기를 선택한다.

*Gertrude Stein: 미국 시인 겸 소설가. 소설이나 시에서 대담한 언어상의 실험을 시도했을 뿐만 아니라 새로운 예술운동의 비호자가 되었다. 1차대전 전후에 모더니스트로 활약한 한 사람으로 "로스트 제너레이션"이란 말을 처음 사용했다.
**원래 이름은 페르낭드 올리비에(Fernande Olivier, 1881~1966). 화가이며 모델로 피카소의 연인이었다. 피카소는 올리비에의 초상화를 60점 넘게 그렸다.

우리와 아무 상관이 없는 기획도 있다. 그런 기획에 대한 비판을 우리는 무심하게 바라본다. 한 편의 시를 감상하는 데에 은행가는 적임자가 아니다. 한편 은행가도 시인의 충고 같은 것을 비웃을 것이다. 한 사람의 특수한 재능이 아니라 인간 전체를 경멸할 수도 있다. 이때 내가 거부하고 싸우는 것은 바로 그의 존재의 총체적 기투이다. 이렇게 되면 경멸은 모멸이 된다.

우리는 자신이 경멸하는 사람들의 의견에 아무 관심이 없다. "나는 당신의 의견을 물어보는 게 아니에요"라고 사람들은 경멸적으로 말한다. 그리고 때로는 "당신 같은 사람하고는 말하지 않아요"라고도 한다. 왜냐하면 모든 말, 모든 표현은 상대방에 대한 호소이기 때문이다. 진정한 경멸은 침묵이다. 침묵은 반박이나 분노까지 제거해 버린다. 분노를 통해 나는 그의 기획과 나의 기획이 별개의 것임을 증명하고 싶어 한다. 타인에게 내가 우스꽝스러운 존재 혹은 혐오감을 주는 대상이 되는 것도 마다치 않는다. 그렇게 되면 우리들 사이에는 더 이상 공범 관계가 없어질 것이기 때문이다. 그러나 이것은 타인에게 주도권을 주는 일이다. 나를 사물로 만드는 것을 거부하는 것 같지만 사실은 거기에 동의하는 것이다. 나는 내가 타인과 분리되어 있고, 타인을 초월하며, 타인이 내 앞에서 한갓 사물에 지나지 않는다는 것을 조용히 긍정해야만 한다.

모멸을 하나의 무기로 사용하는 것은 편리한 일임에 틀림

없다. 사람들이 흔히 하는 일이 바로 이것이다. 주변 사람들의 지나친 관심을 받는 아이나 젊은이는 낯선 비판을 대면하려 하지 않는다. 그들은 자기의 권내圈內에 틀어박히고, 어떤 모험에도 부딪치지 않으려고 미리 세상 사람들의 의견을 무력화시킨다. 그는 확실한 걸음으로 인생 속으로 들어간다. 그를 벌罰하는 사람은 스스로를 벌하는 셈이 된다. 그렇게 그는 자신의 자유를 부인한다. 자유롭다는 것은, 계산하지 않고, 내기도 하지 않은 채, 세계 속에 몸을 던지는 일이다. 어떤 판돈이나 어떤 척도도 스스로 결정한다.

그런데 근엄한 사람들은 자신을 높게 평가하는 사람들만 높이 평가하려 한다. 이 소심한 자만은 참다운 자존과는 반대의 것이다. 자기 주위에서 실패나 경멸만 당해 본 사람은 부인否認에 의하여 자기방위를 한다. 운동 선수가 되려 했으나 실패하면 스포츠에 관련된 모든 것을 경멸하기 시작한다. 이제 그는 은행가나 군인이 아니면 아무도 존경하지 않게 된다. 그러나 이렇게 자기 기획을 포기함으로써 그는 자신을 배반하는 것이다. 더군다나 자기 속에서 경멸 혹은 존경을 마음대로 생겨나게 할 수도 없는 일이다.

내가 정립할 대상들을 정의하는 것과 나 자신을 정의하는 것은 결국 동일한 기획이다. 내 호소를 들어줄 대상도 내가 정한다. 책을 사랑하는 것, 작가를 동경하는 것, 무엇인가를 쓰고 싶은 것, 그것이 소녀 시절 나에게 유일한, 그리고 언제나 같은 기획이었다. 총체적인 선택이 정해지면 우리는 맹목성 혹은 자기기만에 의하지 않고는 그 선택을 부분적으로 부정할 수 없다. 자기기만은 의혹과 불쾌를 낳는다. 허영심 강한 사람들이 마음속으로 늘 불행한 이유가 바로 이것이다. 바보는 언제나 자기를 존경하는 좀 더 한심한 바보를 하나 발견한다. 그러나 그는 이 사람이 바보라는 사실을 자기 멋대로 숨길 수도 없고, 또 어리석음을 덕성이라고 편리하게 생각할 수도 없다. 자유는 명령할 뿐복종하지 않는다. 자유를 부인하거나 강제하려 해 보았자 소용없다. 나의 기획이 진정 스포츠라면 뚱뚱한 명망가가 되기보다는 나는 차라리 실패한 운동 선수가 되는 길을 택할 것이다. 비록 마음속에서나마 내가 미워하는 상대에게 이기는 일이 결코쉽지 않은 이치가 바로 이것이다. 내가 용감하고 재주 있고 머리좋은 사람이 되기를 바란다면 나는 타인 속에 있는 용기, 재주및 영리함을 결코 무시할 수 없다.

자신을 사랑하는 사람들만을 사랑하고, 자신을 경멸하는 사람이라면 덮어놓고 경멸하는 태도는 성격적인 약점으로 볼 수밖에 없다. 그들의 애정, 그들의 경멸은 속이 빈 외관에 불과한것으로 보인다. 타인들이 확실하게 내 존재의 근거를 마련해 주는 것은 오로지 내가 나의 존재를 향해 자유로운 기투의 운동을벌일 때뿐이다. 사람들이 나를 위해 세계 속에 하나의 자리를 마련해 줄 수 있도록 하기 위해서는, 그들 각자가 자리를 차지하고 있는 세계를 우선 내 주변에 출현시켜야만 한다.

즉 사랑하고, 소망하고, 행해야만 한다. 내가 행동하려면 나는 우선 그 행동의 대상이 될 사람들이 누구인지를 정해야 한다. 건축가는 건물을 짓기를 좋아한다. 그는 수 세기를 버티고 서 있을 건물을 세운다. 그는 먼 후손들에게 호소하는 것이다. 그러나 배우 또는 무용가들은 자신들과 같은 시대의 사람들에게만 호소한다. 내가 비행기의 엔진을 개량한다면 나의 발명은 수백만 사람들의 관심을 불러일으킬 것이다.

그러나 내가 일상적인 행위나 사소한 말들을 누군가에게 납득시키려면 그 대상은 내 주변의 가까운 사람들이다. 나는 나를 위해 존재하는 사람들을 제외하고는 그 누구에게도 구체적으로 호소할 수 없다. 그런데 그들이 나를 위해서 존재하는 것은 내가 그들과 관계를 맺었기 때문이고, 내가 그들을 나의 이웃으로 만들었기 때문이다. 나의 기획이 그들의 기획과 일치하느냐 혹은 저촉되느냐에 따라 그들은 동맹자로서 혹은 적으로서 존재하게 된다. 이런 모순 또한 나의 책임이다. 왜냐하면 지금의 나를 만들어가면서 그 모순을 존재시킨 것이 바로 나이기 때문이다.

행동

그러므로 타인 앞에서의 나의 상황은 이런 것이다. 즉 인간은 자유다. 나는 세계 속 이 낯선 자유들 한가운데에 던져졌다. 나는 이 자유들이 필요하다. 일단 나의 목적을 초월하고 나면 나의 행위들은 새로운 기획에 의해 새로운 미래 쪽으로 나아가지 않는 한, 더 이상 쓸모없는 것이 되어 무기력하게 바닥으로 떨어져 버릴 것이기 때문이다. 세계의 대홍수 이후 혼자 지상에 살아남는 사람은 예언자 에스겔*과 마찬가지로 인류를 되살려 내기 위해 애쓰거나 혹은 죽을 수밖에 없을 것이다. 나의 초월성의 운동은 내가 그것을 초월하자마자 매우 헛된 것으로 보이기 시작한다. 그러나 나의 초월성이 다른 사람들 사이를 빠져나가며 현재 내가 구상하는 기획보다 훨씬 멀리 뻗어 나간다면, 나는 결코 나의 초월성을 지양할 수 없을 것이다.

　나의 초월성이 절대로 지양되지 않기 위해서는 인류 전체가 나의 기획을 나의 목적 쪽으로 연장하지 않으면 안 된다. 그

---

*Ezechiel: BC 6세기 때의 『예언서』 제3권 집필자.

렇게 되면 도대체 누가 나의 초월성을 지양하겠는가? 인류를 제외하고는 아무도 없다. 그러면 인류는 완전히 나의 공범자가 되고, 누구 한 사람 나를 비판하지 않을 것이다. 그러나 이런 희망은 버리는 게 좋다. 인간은 각기 대립되어 산산이 흩어져 있는 존재이기 때문이다. 나는 투쟁을 결심해야만 한다.

그러나 **누구**를 위해 싸울 것인가? 나의 목적은 존재에 도달하는 일이다. 다시 한 번 말하거니와 이것은 에고이즘의 문제가 아니다. 이해利害의 관념은 완성된 자아관념 위에 놓여 있는 것이다. 그런데 지금의 나의 모습인 이 주체는 이 자아관념을 궁극의 목적으로 삼아 그리로 향해 자신을 초월한다. 반면에 나는 기투를 통해 한 자아의 수많은 목적들을 향해 나 자신을 투사한다. 이 자아는 물론 이 세상 어디에서고 소여로서 존재하지 않는다. 존재하기를 추구하는 것, 그것은 **존재**를 추구하는 것이다. 왜냐하면 존재를 드러내는 주관성이 없다면 존재란 **없는** 것이기 때문이다. 내가 존재를 향하여 달려가는 것은 필연적으로 나의 주관성의 중심에서부터다. 그러므로 나는 존재하기 위하여 싸운다.

이 장난감과 보석을 소유하기 위하여, 또 여행을 하고, 과일을 먹고, 집을 짓기 위하여 싸운다. 그러나 그게 다가 아니다. 나는 멋지게 몸매를 가꾸고, 여행을 하고, 사람들 사이에서 집을 짓는다. 상아탑 속에 갇혀 살 수는 없는 것이다. '한 편의 시, 한 폭의 그림은 그 자체로 충족되는 비인간적 물질이다'라는 '예술을 위한 예술'론은 잘못된 것이다. 예술작품은 어디까지나 인간의 손으로, 인간을 위해 만들어진 것이다. 그것들은 사람들을 위로하거나 교화시키기 위하여 만들어진 것이 아니다. 그 이전부터 존재하는 어떤 것을 충족시키기 위한 것도 아니다. 예술작품은 과거를 넘어서는 것이고, 무상無償의 자유로운 창작이다. 그러나 세상에 새로 태어난 작품들은 사람들에게 이해되고 정당화되기를 요구한다. 누군가가 그것을 사랑하고, 원하고, 연장시켜야만 한다. 예술가는 자기를 둘러싸고 있는 사람들의 상황에 무관심할 수 없다. 그는 타인들과 몸을 공유하고 있다. 그러므로 나는 자유로운 사람들이 나의 행위에, 나의 작품에 필연적인 자리를 내줄 수 있도록 분투할 것이다.

그렇다 하더라도, 타인들이 나에게 동의하는 것은 그들의 자유의지에 의한 것인데, 내가 아무리 분투한다고 될 일인가? 애정이나 자발적 상찬賞讚을 폭력으로 얻으려는 것은 물론 바보 같은 일이다. 사람들은 힘으로 여인을 유혹하려는 네로*를 비웃는다. 나는 타인이 나의 행위를 가치 있는 것으로 인정하기를 바라고, 그것을 그들의 미래에 유용하게 쓰기를 바란다. 그런데 내가 우선 타인의 계획을 인정認定하지 않는다면 나 또한 그런 인정을 기대할 수 없다. 그때 타인은 나를 장애물로만 볼 것이다.

*로마의 제5대 황제(37~68). 초기에는 선정을 베풀었으나, 차츰 측근의 유능한 인재를 살해하고 기독교도를 학살하는 등 공포정치를 하였다.

　　나의 존재를 정당화해 줄 한 사람의 친구가 필요하다는 이유로, 죽고 싶은 사람에게 살기를 강요한다면 나는 계산착오를 하고 있는 것이다. 그는 나를 저주하면서 살 것이다. 타인의 자유에 대한 존중은 추상적인 법칙이 아니다. 그것은 나의 노력이 성공하기 위한 기본조건이다. 나는 타인의 자유에 호소할 수 있을 뿐 그것을 속박할 수는 없다. 절박한 호소로 타인의 자유를 매혹하려 할 수도 있지만, 내가 무엇을 하건, 타인은 그 호소에 답하거나 아니거나 할 절대적인 자유가 있다.

　　단 타인과의 이 관계가 성립되기 위해서는 두 가지 조건이 충족될 필요가 있다. 우선, 호소하는 것이 나에게 허락되어야 한다. 그러므로 나는 내 목소리를 지워 버리거나, 나의 표현을 방해하거나, 나의 존재를 저지하려는 사람들을 상대로 싸울 것이다. 자유로운 사람들 앞에 나를 존재시키기 위해 때때로 어떤 사람들을 사물로 취급하기도 해야 한다. 죄수는 자기의 동료들과 합류하기 위해 간수看守를 죽일 것이다. 그 간수가 동료가 아니어서 유감스럽지만, 그러나 동료가 하나도 없다는 것이 죄수로서는 더욱 안타까운 일일 것이다.

　　둘째로, **내게 있어서** 자유인 사람들, 나의 부름 소리에 응답할 수 있는 사람들을 나는 내 앞에 가지고 있어야 한다.

　　어떤 상황에서도 타인의 자유는 절대적이다. 왜냐하면 상황은 지양되기 위해서만 존재하며, 자유는 모든 지양 속에서 동등한 것이기 때문이다. 읽고 쓰기를 배우는 문맹자의 자유는 새로운 가설假說을 발견하는 학자의 자유와 다를 것이 없다. 존재를 향하여 자신을 초월하려는 이 자유로운 노력을 우리는 어떠한 존재에 있어서도 동등하게 존중한다. 우리가 경멸하는 것은 자유의 포기이다. 인간의 상황 사이에는 어떤 도덕적 계급도 정할 수 없다. 다만 나에게는, 딱딱한 대상으로 응고되어 넘어서기 쉽게 된 어떤 종류의 초월성이 있다. 그런가 하면 내가 겨우 함께 가거나, 혹은 나를 앞질러 가는 그런 초월성도 있다.

더버빌의 테스*는 클레어를 사랑한다. 클레어를 사랑하고 있는 농가의 세 딸들은 테스의 사랑을 앞지르는 것이 아니라 테스와 함께 클레어를 향해 자신들을 앞지른다. 그러나 독자인 우리가 클레어의 결점을 발견하고 그를 좋아하지 않게 된다면, 테스의 자유를 인정하면서도 우리는 그녀의 사랑을 우리와는 무관한 낯선 것으로 보게 될 것이다. 타인의 자유는 나와 무관하거나 혹은 내가 이미 지양한 목적을 향해 가면서 나와 분리되었을 때만 존재한다.

문맹 상태를 극복하기 위해 자신의 자유를 사용하는 문맹자는 복잡한 이론을 이제 막 발견한 물리학자를 위해서는 아무것도 할 수 없다. 병과 싸우느라 기진맥진한 병자, 예속에 항거하는 노예는 시나 천문학이나 항공기의 개선 따위에는 관심이 없다. 그

---

*Tess d'Uberville: 토마스 하디의 소설 주인공.

들에게는 건강과 여가, 안전이 최우선이고 자기 자신을 뜻대로 움직일 자유가 필요할 뿐이다. 나 자신의 목적이 타인의 자유를 위한 출발점이 될 수 있을 때 비로소 타인의 자유는 나에게 의미가 있다. 타인이 내가 만든 도구의 존재를 연장시키는 것은 그 도구를 사용함으로써만 가능한 일이다. 학자는 자기와 같은 수준에 이른 사람들하고만 말이 통한다. 그 사람들이 새롭게 연구할 수 있도록 그는 자신의 이론을 기초로서 제시한다. 타인이 나의 초월성을 따라갈 수 있는 것은 그가 나와 같은 길에 있을 때뿐이다.

우리의 호소가 허공에 사라져 버리지 않기 위해서는 나의 목소리를 들을 준비가 되어 있는 사람들이 내 옆에 있어야만 한다. 그들은 나와 동류同類이어야 한다. 나로서는 뒤로 되돌아갈 수 없다. 왜냐하면 나의 초월성의 운동은 쉬지 않고 나를 앞으로 끌고 가기 때문이다. 나는 미래 쪽으로 혼자서 걸어갈 수도 없다. 그렇게 한다면 나는 사막 한가운데에서 길을 잃고 헤매게 될 것이다. 그러므로 나는 타인들이 나의 초월성과 함께 가거나 아니면 그것을 앞지를 수 있는 적당한 상황을 만들어 내려고 노력해야만 한다. 다시 말해 나에게 봉사하기 위해 그리고 나를 앞질러 나를 보존해 주기 위해 그들의 자유가 언제나 내 옆에 대기하고 있을 필요가 있다. 그 사람들의 자유가 질병, 무지, 빈곤과 싸우느라 소모되지 않도록 그들이 건강, 지식, 안락, 여가 등을 갖게 되기를 나는 소망하는 것이다.

그리하여 인간은 한데 수렴收斂되는 두 가지 방향 속으로 자신을 끌어넣지 않으면 안 된다. 우선 그는 자신의 초월성이 응고되어 나타나는 대상들을 만들어낸다. 그리고 자기의 자유이기도 한 전진前進 운동에 의해 자신을 초월한다. 매 걸음마다 그는 사람들을 자신 쪽으로 끌어당기려고 노력한다. 그는 탐험대의 대장과도 같다. 자신이 전진하기 위해 새로운 도로를 표시하고, 낙오자들을 끌어모으기 위해 쉴 새 없이 뒤로 되돌아갔다가 또 수행원들을 더 멀리까지 인도하기 위해 앞으로 달리기도 한다. 그러나 모든 사람들이 전부 따라가기를 승낙할 수는 없다. 어떤 사람은 그 자리에 머무르고, 혹은 갈림길로 들어가기도 한다. 또 어떤 사람들은 아예 탐험을 중단하려 한다. 설득이 소용없는 이 시점에서 자신을 방어하려면 폭력밖에 남지 않는다.

한 사람을 위해서건 혹은 반대해서건 아무 일도 할 수 없을 때, 어떤 의미에서, 폭력은 악이 아닌 것처럼 보인다. 어린아이를 하나 낳는 것은 그 아이를 만드는 것이 아니다. 한 사람을 죽이는 것은 그를 파괴하는 것이 아니다. 우리가 손을 댈 수 있는 것은 타인의 사실성뿐이다. 그러나 정확히 이 사실성에 작용하기로 선택함으로써 우리는 타인을 하나의 자유로 간주하는 일을 포기해 버린다. 그리고 그만큼 자기 존재의 팽창 가능성을 제한한다.

내가 폭력을 가하는 인간은 나의 동지가 아니다. 그를 뺀 다른 사람들이 나의 동지가 되어야 한다. 폭행의 사실이 폭행당한

사람의 자유에 호소할 가능성이 적다고 생각되면 될수록, 그만
큼 후회의 감정도 적게 일어난다. 즉 상대가 아이나 병자일 때
사람들은 비교적 대수롭지 않게 힘을 행사한다. 하지만 내가 모
든 인간에게 폭력을 가한다고 하면 나는 세상에서 단 혼자가 되
어 자멸할 것이다.

　만일 내가 인간의 어떤 집단을 양羊의 무리, 가축의 무리로
바꾼다면 그만큼 나는 인간을 감소시키게 된다. 그리고 가령 내
가 단 한 사람의 인간밖에 압박하지 않는다고 해도, 그 사람을
통해 전 인류가 하나의 사물처럼 보일 것이다. 또 한 사람의 인
간이 우리가 태연하게 밟아 뭉갤 수 있는 개미라고 한다면, 모든
인간은 모두 합쳐서 하나의 개미집에 지나지 않게 될 것이다. 그
러므로 폭력에 의존하는 것을 가볍게 생각할 일이 아니다. 그것
은 그 무엇으로도 보상받을 수 없는 실패의 표지이다.

　칸트나 헤겔의 일반 도덕이 낙관주의로 끝나는 것은, 그들
의 도덕이 개인성個人性을 부정함으로써 실패를 부정하고 있기
때문이다. 그러나 개인은 존재하고, 실패도 엄연히 존재한다. 어
떤 소심한 사람이 정치적 결단을 내리기 전에 매우 오랫동안 주
저하고 있다면, 그것은 정치적 문제가 어렵기 때문이 아니라 원
래 해결될 수 없는 문제이기 때문이다. 그러나 포기 또한 불가능
하다. 우리는 항상 행동하는 존재이기 때문이다. 폭력이 우리의
운명이라면, 실패 또한 우리의 운명이다. 우리가 폭력의 운명을

타고 난 것은 인간들이 서로 구분되고 대립되어 있기 때문이다. 우리는 폭력에 의하여 하나의 아이를 성인으로 만들고 유목민을 하나의 사회로 만든다. 투쟁을 포기하는 것은 초월성을 포기하는 것이고 존재를 포기하는 것이다. 그러나 그 어떤 성공도 개별적 실패의 절대적 실수를 결코 지울 수 없다.

그렇다고 느긋하게 하나의 목적을 달성하는 것이 성공이라고 믿어서도 안 된다. 우리들의 목적은 언제나 새로운 출발점이기 때문이다. 우리가 타인들을 이 목적까지 이끌고 왔을 때 비로소 모든 것이 시작된다. 여기서부터 그는 어디로 갈까? "뭐, 어딘가로 가겠지. 내가 없더라도 그는 어딘가에 있을 거니까"라는 생각을 나는 별로 좋아하지 않는다. 그가 연장시키고 있는 것이 바로 **나의** 계획이었으면 좋겠다고 나는 생각한다.

자신의 계획이 파괴되지 않은 채 어디까지 확산될 것인가를 결정하는 것은 각자의 몫이다. 칸트는 헤겔 속에서 자신의 체계를 다시 발견했는가? 그리하여 그는 헤겔의 체계를 자신의 부정성으로서 보았을까? 여기에 답하기 위해서는 그의 철학의 본질적 진리가 무엇인지를 알아야만 할 것이다. 그러나 여하튼 그의 계획은 무한히 확장되지 않는다. 칸트가 단지 철학만을 원했다면 그는 책을 쓸 필요가 없었을 것이다. 어떻든 간에 철학은 존재하고 있는 것이니까. 그는 오로지 그의 것임에 틀림없는 철학적 전개에 의해 **하나의** 철학을 창조하고 싶었던 것이다.

우리는 각기 자신들의 개별성 안에서 필연적인 존재이기를 바란다. 그리고 실제로 우리는 개별적 기획에 의해서만 그런 필연적인 존재가 될 수 있다. 우리는 타인의 자유에 의존해 있다. 타인은 우리를 잊을 수도, 무시할 수도 있고, 우리 것이 아닌 목적을 위하여 우리를 이용할 수도 있다. 어떠한 판결도 결코 최종적인 종결은 아니라는 것이, 카프카의 소설 『심판』의 의미 중 하나이다. 우리는 끝없는 연기延期 상태 속에서 살고 있다. 『아미나다브Aminadab』에서 작가 블랑쇼Maurice Blanchot가 하는 말도 바로 그것이다. 즉, 우리는 결코 패敗하지 않지만 그러나 결코 승리하지도 않는다.

그러니까 우리가 우리의 행위를 책임지는 것은 불확실과 위험 속에서다. 그것이 바로 자유의 본질이다. 자유는 미리 정해진 구원을 목표로 자신의 마음을 정하는 것이 아니다. 자유는 미래와 아무런 계약도 맺지 않는다. 자신이 겨냥하고 있는 목표에 구속되어 있다면 자유는 결코 자유일 수가 없는 것이다. 하나의 목표는 결코 하나의 종말이 아니다. 하나의 목표는 여전히 무한을 향하여 열려 있다. 그것이 목표가 될 수 있는 것은, 자유가 거기에 와서 멈추고, 그렇게 함으로써 무형의 무한 한가운데에서 나의 특수한 존재를 한정해 주기 때문이다.

모든 사람은 단지 자신의 목적에 도달하는 것 외의 그 나머지에는 아무 관심이 없다. 타인이 나로부터 출발하여 그 이후에

행하는 일은 그에게 속하는 것이지 나에게 속한 것이 아니다. 나의 행동은 이 미래의 위험을 책임지는 것이다. 이 미래의 위험들은 나의 유한有限성의 이면이고, 나는 나의 종말을 책임짐으로써만 자유롭다. 그리하여 인간은 행동할 수 있다. 행동하지 않으면 안 된다. 즉 그는 자신을 초월함으로써만 존재한다. 그는 위험 속에서, 실패 속에서 행동한다. 당연히 그는 위험을 책임진다. 즉 불확실한 미래에 몸을 던짐으로써 그는 자신의 현존을 확실하게 설립한다. 그러나 실패는 자신을 책임지지 않는다.

"자, 그다음은?"이라고 시네아스가 말한다.

나는 자유들이 나에게로 와서 나의 행위들을 필연적인 것으로 만들어주기를 요구한다. 그런데 반성反省은 나를 정당화하겠다고 하는 이 행위 자체를 넘어서고 만다. 어떤 사람들은 나의 작품을 칭찬해 준다. 내게는 그들의 칭찬이 곧 물체처럼 응고된다. 사물로 굳어진 그 칭찬은 나의 작품 그 자체만큼이나 공허하다. 결국 모든 것이 헛되고 헛되다, 라고 말해야 할까?

반성을 통해 나는 모든 기획이 새로운 문제를 야기한다는 것을 알게 되었다. 나는 나 자신 속에 나의 기획과 나 자신을 부정하는 하나의 힘을 가지고 있다. 내가 무無 속에서 떠오르는 것은 바로 이 부정否定의 힘에 의해서이다. 이 힘은 가짜 객관성의 미몽迷夢에서 나를 일깨워 준다. 세계에는 나의 목적 이외에 다른 목적이 없다는 것, 내가 스스로 파는 구멍 이외의 다른 구멍이 없다는 것을 나에게 가르쳐 주는 것도 바로 이 부정의 힘이다. 내가 도달하고 싶어 하는 가치를 갖고 있지 못한 것은 타인들 역시 마찬가지다. 내가 그들을 지양해 버리면 그들은 나를 위해 아무것도 해 줄 수 없다. 그들에게 인정받기 위해서는 우선 내가 그들을 인정하지 않으면 안 된다. 우리의 자유는 어떤 기둥도 받치고 있지 않는 둥근 천정의 궁륭처럼 서로 떠받치고 있다. 인류 전체가 자신의 충만성에 대한 반성에 의해 스스로 만들어 낸 허공에 매달려 있다.

그러나 이 허공은 하나의 이면裏面에 지나지 않고, 반성은 자발적 운동 다음에만 오는 것인데, 왜 굳이 반성에만 우월적 지위를 주는 것일까? 그리고 왜 인간의 기획을 무無의 고요함과 비교하면서 비난하는 것일까? 반성은 나의 주위에 무를 떠오르게 한다. 그러나 반성은 무의 한가운데를 향하지는 않는다. 반성은 자신의 이름으로 말하고, 자신의 관점에서 인간의 조건을 비판할 권한이 없다. 관점이 존재하는 곳은 무가 아니다. 그리고 사실 나는 자신의 것 이외의 견해를 가질 수가 없다.

유일하며 유한有限한 기획이 나를 세계 속으로, 그리고 사람들 쪽으로 던진다. 만일 내가 절대적인 사랑으로 어떤 남자를 사랑한다면 나는 그의 동의만으로 충분하다. 만일 내가 하나의 도시, 하나의 국가를 위하여 일한다면, 나는 나의 시민, 나의 국민들에게 호소한다. 만일 내가 미래의 수 세기와 실질적인 관계를 맺는다면 나의 목소리는 수 세기를 건너갈 것이다. 아마도 나의 초월성이 걸려 넘어지는 지점이 분명 있지만, 나의 반성은 그것을 넘어설 수가 없다. 내가 실존하고 있는 것은 바로 오늘이다. 오늘이 나를 한정된 미래로 던지는데 그것은 내 현재의 기획에 의해서이다. 기획이 멈추는 곳에 나의 미래도 멈춘다. 아직 내가 있지 않은 미래 시간의 어떤 후미진 곳에서 지금의 나를 바라본다고 주장하는 것은 허구이며 공허한 말에 불과할 것이다.

영원의 관점에서 보면 1분은 1세기와 맞먹고, 무한의 관점에서 보면 원자原子는 성운星雲과 비슷하다. 그러나 나는 무한無限 속에서 혹은 영원 속에서 아래를 내려다보며 유유히 날고 있는 것이 아니다. 나는 나의 현존에 의해 한계 지어진 세계 속에 위치해 있을 뿐이다. 사람은 하나의 목적을 향해서만 스스로를 초월할 수 있다. 그리고 가령 내가 내 앞에 하나의 목적을 확실히 놓았다고 한다면, 나는 무엇을 향해 그 목적을 지양하겠는가? 예컨대 내가 사랑하는 동안, 나는 무엇을 향해 이 특권적인 사랑을 넘어서겠는가? 내 눈에 다른 사람들의 존재가 들어오기 시작할 때 비로소 나는 그 사랑을 초월할 수 있다. 내 기획의 목표인 이 사람들의 총체성을 나는 결코 지양할 수 없을 것이다.

사람은 앞서 기획했던 것을 실현하지 않고는 지금의 기획을 지양할 수 없다. 하나의 초월성을 초월하는 것은 전진前進이 아니다. 왜냐하면 기획들은 산산이 흩어져 있는 것이지 일직선적 방향으로 가는 것이 아니기 때문이다. 초월하는 초월성은 이번에는 자신이 초월 당하게 된다. 어떤 순간도 영원성에 합류하지 못한다. 황홀과 고뇌는 다시 시간 속에 자리 잡는다. 그것들 자체가 기획이다. 모든 사유, 모든 감정이 기투이다. 그리하여 한 사람의 인생은 전진이 아니라 순환循環이다.

"아무러면 어때?"라고 그는 말한다. 그리고 그는 자신의 일을 묵묵히 계속한다. 모든 기획이 헛되게 보였던 그 의혹과 황홀의 순간은 지금 와 생각하면 단순한 불쾌감의 발작 혹은 유치한 열광이었다. 이들 두 개의 순간 중에서, 어느 쪽이 어느 쪽을 비판하고 있는 것일까? 그것들은 오직 제3의 순간에 의해서만 사이좋게 함께 존재하며, 그 제3의 순간조차 비판의 대상이다.

죽어가는 사람의 마지막 유언을 사람들이 중요하게 생각하는 것도 아마 이런 이유 때문일 것이다. 죽는 순간의 의지는 다른 많은 의지들 사이에 낀 단순한 의지가 아니다. 그는 이 안에서 그의 전 생애를 다시 포착하는 것이다. 절친한 친구의 생명을 끝까지 확인하고 싶어 하는 사람은 이 특권적 순간을 유지시킴으로써 친구의 최후 순간을 연장시킨다. 최후의 순간이, 다른 모든 순간들 사이에서 하나의 순간이 되는 것은 그 죽어가는 사람을 외부에서 바라보기 위해 내가 그와 분리되는 순간일 뿐이다. 그제서야 망자亡者는 정말로 죽고, 나는 그의 모든 의지를 초월하는 것이다.

모든 초월성을 초월하는 것도 우리의 자유이다. 우리는 언제나 하나의 '다른 곳'으로 도망칠 수 있다. 그러나 이 다른 곳이라는 것도 어딘가에 있는 장소이다. 우리는 인간 조건으로부터 절대로 도망칠 수 없고, 인간 조건을 비판하기 위하여 외부에서 그것을 바라볼 수 있는 방법도 없다. 인간 조건만이 우리로 하여금 말하게 한다. 선과 악이 정의되는 것도 인간 조건을 통해서이다. 효용, 진보, 두려움 등의 말들이 의미를 가지는 것은 기투가 관점과 목적들을 출현시킨 세계 속에서일 뿐이다. 이 관점과 목적들은 기획을 상정하기는 하나 거기에 적용되지는 않는다. 인간은 자기 이외의 다른 아무것도 모른다. 그리고 인간적인 것 이외에는 무엇 하나 생각조차 할 수 없다. 그러면 도대체 인간을 무엇에 비교해야 할까? 어떤 인간이 다른 인간을 비판할 수 있다는 말인가? 그리고 무엇의 이름으로?

인간은 먼 곳의 존재

시몬 드 보부아르Simone de Beauvoir, 1908~1986는 실존주의 철학자 사르트르와의 계약결혼으로 일약 여성해방운동의 아이콘이 된 소설가이다. 지금이야 계약결혼 정도는 아무의 관심도 끌지 못하는 해프닝에 불과하지만 아직 견고한 전통의 시대였던 1920~30년대에는 기성 질서를 파괴하는 폭탄처럼 받아들여졌다. 『초대받은 여자L'Invitée』, 『레 망다랭Les Mandarins』 등의 소설을 썼고, 여성에 대한 사회적 억압을 역사적, 철학적으로 고찰한 『제2의 성 Le Deuxième Sexe, 1949』은 20세기 페미니즘의 성경책과도 같은 여성학 개론서가 되었다.

　『피뤼스와 시네아스』는 그녀가 1944년에 쓴 철학 에세이다. 실존주의 철학을 일상적 에피소드에 접목시켜 쉽게 풀이한 글인데, 지금 보면 완전히 자기계발서 같다. 사르트르의 실존 철학은 이제 철학의 자리에서 내려와 대중 속에 깊이 스며들어 개인들의 자기 성찰 도구가 된 듯하다.

　피뤼스Pyrrhus, BC 319~272는 주변의 많은 나라를 정복한 고대

희랍의 왕이다. 시네아스Cineas라는 신하가 왕의 끝없는 정복 전쟁을 저지하고 싶어 했다. 특히 로마 원정에 반대하였는데, 이때 왕과 나눈 대화가 유명하다. 시네아스는 끊임없이 "그다음에는?"이라고 묻다가 피뤼스가 마지막 정복 후에 휴식을 취하겠다고 말하자 겨우 질문을 끝낸다. 그리고는 원정의 허망함에 대하여 왕에게 충고한다. 그 모든 제국들을 정복하느라 고생하고 결국 나중에 돌아와 쉴 텐데 굳이 뭐하러 떠나느냐는 것이다.

결국 제 자리로 돌아오는 목적의 허망함을 설파한 이 고사에서 보부아르는 인간의 실존적 상황의 단서를 찾는다. 시네아스의 질문은 인간의 모든 행위가 과연 어떤 의미를 갖는지에 대한 원초적 질문이다. 다시 내려올 텐데 왜 산에 오르는가? 다시 집에 돌아올 텐데 뭐하러 여행을 떠나는가? 나이 들어 퇴직하면 다시 아무런 직업 없는 백수 상태로 떨어지는데 평생 애써 일할 필요가 있는가? 전통적인 해석에서는 시네아스가 현자로 간주되었다.

월든 호숫가 오두막에서 단순하고 간소한 삶을 살았던 데이비드 소로도 근본적으로는 시네아스의 정신적 후계자이다. 시골 마을에서 자본주의를 굽는다느니, 심플한 삶을 살아야 한다느니 하는 현대의 한 트렌드도 분명 시네아스적이다. 그러나 보부아르는 피뤼스의 태도를 더 가치 있는 것으로 여긴다. 아무런 목적도 이유도 없이 하나의 목표를 향해 나아가는 무상無償적인 행동이야말로 인간 본연의 존재 양식이기 때문이다.

초월성이란?

대중화시켰다고는 하나 철학은 역시 철학이다. 특유의 개념을 모르고는 글을 이해할 수 없다. 우선 본문에 자주 나오는 초월성부터 철학에 익숙하지 않은 독자의 발목을 잡는다. 초월성transcendence 이란 무엇일까? 신학에서는 신의 존재를 뜻하고, 일상생활에서는 어떤 욕심이나 감정에서 벗어난 높은 경지를 뜻한다. 고전 철학에서는 경험적 주체가 도달할 수 없는 존재의 상위 영역을 뜻한다. 그러나 후설의 현상학을 계승한 사르트르의 실존 철학에서 초월성은 그런 높은 단계의 비非인간성이 아니다.

현상학에서 초월성이란 의식과 그 대상 사이의 거리, 또는 의식과 의식 아닌 것 사이의 관계를 뜻한다. 의식과 대상이라는 말부터 어렵다면 창문 밖으로 영산홍을 바라보는 '나'를 생각해 보자. 빨강·주황·자주·보라색이 어우러진 영산홍 꽃무리를 바라보며 '참으로 아름답구나!'라고 생각하는 것이 바로 나의 의식이다. 이때 영산홍은 내 의식이 아니며 내 의식의 대상일 뿐이다. 여기서 '의식'은 '나'이고, '의식 아닌 것'은 '영산홍'이다. 이처럼 의식의 대상은 의식의 외부에 있다. 외부에 있다고 해서 외재성 exteriority이라고도 말한다. 이 대상을 향해 가는 내 의식의 운동이 바로 초월transcend이다. '초월'이란 넘어선다는 의미이다. 본문에서 나는 이것을 앞지르기, 추월 또는 지양으로 표기하기도 했다.

의식은 홀로서기를 할 수 없는 존재

그러면 왜 하필 '넘어서는' 운동이 우리의 의식작용이란 말인가? 의식은 다른 아무것 없이 그냥 홀로 서 있을 수 있는 독립적인 사물이 아니다. 우리가 '의식'이라고 쉽게 말하지만, 사실 그의식이라는 것이 우리 몸의 어디에 있는지 우리는 모르지 않는가? 그것은 어느 곳에도 없는 추상적인 것이다. 의식은 아무런 형체가 없다가 앞에 뭔가가 나타나면 작동하기 시작한다. 의식은 반드시 대상이 있어야 작동하는 기능이다. 그러므로 의식이란 언제나 '……에 대한 의식'이다. 창밖의 영산홍이 내 의식 앞에 나타날 때 비로소 나의 의식은 작동한다. 그런데 내 의식의 밖에 있는 영산홍을 어떻게 의식 안으로 끌어들일 수 있겠는가?

일단 영산홍이 눈에 띄면 나의 의식은 내 몸 안에서 빠져나가 영산홍 쪽으로 향한다. 마치 인공위성을 우주 궤도에 진입시키기 위해 연속폭발을 하는 추진 로켓처럼 나의 의식은 자기 자신을 끊임없이 폭파시켜 자신에게서 몸을 빼내 영산홍 쪽을 향해 간다. 그리하여 찬란한 색깔의 단단한 꽃잎에 의식이 가서 탁 부딪쳤을 때 비로소 나는 '아, 예쁜 꽃이로구나. 봄이 왔구나!'라고 대상을 규정한다. 이러한 의식의 운동이 바로 초월성이다. 끊임없이 자신을 넘어서기 때문에 초월이라고 한다. 현상학이나 실존주의적 글에서 '자신을 초월한다se transcender, surpass oneself'라는

말이 나올 때 그것을 '자기를 극복한다'라는 금욕주의적 의미로
해석해서는 안 된다.

당연히 '초월적'이라는 형용사도 어떤 대상이 의식의 밖에
있다는 의미이다. 여기 내 앞에 있는 책상, 의자, 책들이 모두 초
월적 대상이다. 다시 말해 그것들은 나의 의식의 밖에 있으며,
나의 의식이 아닌 것들이다. 나의 의식이 책상을 대상으로 포착
하여 그리로 향해 갈 때 나의 의식은 '스스로를 초월'하고 있다.
이처럼 의식은 어떤 목표를 향해 경련적으로 움직이는 끊임없
는 긴장이다. 대상에 도달하기 위해 자신을 초월하고, 이러한 자
세 속에서 매 순간 자신을 소진시킨다.

역자 후기

정립(定立)과 반성

의식이 '……에 대한 의식'이 되기 위해서는, 다시 말해 의식이
어떤 대상을 의식하기 위해서는 그 대상을 우선 자신의 목표물
로 놓아야 poser, posit 한다. 이처럼 어떤 대상물을 자기의식 앞에
놓는 행위를 정립定立이라고 부른다. 나의 의식이 하나의 탁자
를 대상으로 하여 그 탁자에 대한 어떤 인식을 형성하려 할 때,
나의 의식은 이 탁자에 대한 정립적 의식이다. 그렇다면 의식은

단순히 '……에 대한 의식'이 아니라 '……에 대한 정립적^{positional} 의식'이라는 게 더 정확한 말이다. 혹은 주제적^{thematic} 의식이라고도 한다. 사르트르가 『존재와 무』(18쪽)에서 "의식이란 세계에 대한 정립적 의식이다"라고 말했을 때의 의미가 바로 그것이다. '세계'란 철학에서 '나' 아닌 외부 세계 전체를 지칭하는 용어이다. 그런데 의식은 이렇게 오로지 자기 밖의 대상, 즉 세계만을 향하고 있는가? 아니면 자기 자신을 뒤돌아보기도 하는가?

인간이 다른 동물과 구별되는 것은 자기를 반성^{reflection}하는 능력 때문이다. 우리말에서 "반성"은 주로 자신의 잘못을 뉘우침이라는 뜻으로 쓰이지만, 철학 용어로는 그저 단순히 자신을 뒤돌아보는 의식작용이다. 그렇다면 반성을 할 때 우리는 의식 앞에 우리의 의식을 놓는 셈인데, 이때 우리는 우리의 의식을 책상이나 사과를 놓을 때와 같은 방식으로 놓지 않는다. 책상을 바라볼 때의 의식과 나 자신을 바라볼 때의 의식은 그 작용의 방법 자체가 다르다. 외부의 초월적 대상을 향할 때 우리의 의식은 '……에 대한 의식'이었지만, 자기 자신을 문제 삼을 때 우리의 의식은 '자기의식^{conscience de soi, conscience of oneself}'이다.

대자존재와 즉자존재

이처럼 자기의식 앞에 자기 자신을 놓을 수 있는 존재라는 뜻에서 인간의 의식은 대자對自pour-soi, for-itself존재로 불린다. 인간이 대자존재라면 인간을 둘러싸고 있는 대상들의 존재는 무엇일까? 우선 사물들은 자기 자신을 자기의 의식 앞에 놓을 수 없다. 왜냐하면 사물에게는 의식이라는 것 자체가 없기 때문이다. 나는 내 앞의 책상을 바라보고 이런저런 생각을 하지만, 즉 책상을 의식하지만, 책상은 나를 바라보면서 이런저런 생각을, 다시 말해 나를 의식할 수 없다. 책상에게는 의식이라는 게 없기 때문이다. 이런 사물적 존재 양식을 즉자卽自en-soi, in-itself존재라고 부른다. 책상, 나무, 꽃 같은 사물은 모두 즉자존재이다. 즉자존재는 속에 의식이 없고, 타성태惰性態inert적이다. 타성태란 스스로 움직일 수 없는 불활성不活性의 양태를 뜻한다. 내 앞의 책상이나 의자가 자기 의지로 움직일 수 있는가? 사람이 움직여 주어야만 위치를 바꿀 수 있다. 가만 놔두면 어제도 오늘도 똑같이 같은 자리에 있다. 자동력自動力이 없는 불활성이다. 이런 성질이 타성태이다.

대자(對自)는 인간, 즉자(卽自)는 사물?

그러나 인간의 존재양식은 대자이고 사물의 존재양식은 즉자이다,라고 단순하게 말할 수는 없다. 인간은 언제나 미래를 향해 초월적 운동을 하는 대자적 존재이지만 이 초월성을 포기하고 과거에만 고착되어 있는 사람이라면 그의 존재는 대자존재가 아니라 사물과 같은 즉자존재가 되는 것이다. 인간은 끊임없이 움직여 앞으로 나아가는 존재이고, 그런 초월적 운동 속에서만 진정한 인간이기 때문이다. 인간이 세계를 소유할 수 있는 것은 그 세계에 참여하여 거기에 어떤 흔적을 남겨 놓을 때뿐이다.

나의 앞에 있는 대상은 내가 그 안에서 내 모습을 찾아 볼수 있을 때에만 나의 것이 된다. 그 안에서 내 모습을 찾을 수 있다는 것은 내가 거기에 참여하여 그것을 내 나름으로 변화시켜 놓았다는 이야기이다. 나의 것이란 내 기획이 실현된 결과물이다. 하나의 대상이 내게 속하기 위해서는 그것이 나에 의해 수립되어야만 한다. 다시 말해 내가 만든 것이어야 한다. 내가 세운 것이 아니어서 과거에는 나의 것이 아니었던 대상물도 그 위에 내가 무엇인가 세움으로써 나의 것으로 만들 수 있다. 내가 참여하지 않았던 승리라도 내가 그것을 출발점으로 삼아 원정遠征을 떠난다면 나의 것이 될 수 있다. 내가 세운 집이 아니더라도 내가 살게 되면 나의 집이 되고, 내 소유가 아닌 땅도 내가 경작하면 나의 땅이 된다. 하늘은 날 수 있는 사람의 것이며, 바다는 헤엄치고 항해할 수 있는 사람의 것이다.

기투

대자존재의 생성 운동은 똑같은 성질이 죽 이어지는 연속이 아니라 매 순간 자기를 부정하고 앞으로 나아가는 단절의 운동이다. 의식의 초월성이 '자기로부터의 도망'이었듯이, 인생 그 자체도 매 순간 '자기로부터의 도망'이다. 의식처럼 인생도, 아니 의식으로 이루어진 인생은 언제나 종전의 자기 존재를 부정하고 자신의 새로운 기획을 앞으로 투사한다. 자신의 새로운 기획을 앞으로 투사한다는 의미에서 우리는 이를 기투企投라는 신조어로 번역했다.

사르트르도 기획이라는 의미의 프랑스어 projet를 그대로 쓰기는 했지만 거기에 '기획을 앞으로 던짐'이라는 새로운 뜻을 추가하였다. projet에서 pro는 '앞으로'의 의미이고, jet는 '던짐'이라는 뜻이기 때문이다. 따라서 기획이라는 말 안에 이미 자신의 의도를 앞으로 던지는 대자존재의 운동 양식이 들어 있다는 것이다. 후설의 현상학에서 초월, 추월, 앞지름, 지양止揚 등은 모

두 같은 뜻인데, 사르트르의 철학에서는 거기에 기투가 하나 더
덧붙여지는 셈이다.

무화(無化)

대자존재란 본원적으로 직전의 자기로부터 도망치는 존재이다.
그런데 직전의 자기로부터 도망친다는 것은 직전의 자기 존재
를 무화無化néantiser, nihilate시킨다는 의미이다. 대자존재는 매 순간
자신을 무화시킨다. 사르트르의 실존주의에서 무화란 어떤 것
을 완전히 죽여 없앤다는 의미가 아니라 어떤 것을 마치 그것이
존재하지 않는 듯이 간주하거나 또는 그것의 존재를 무시한다
는 뜻이다. 이 매 순간의 무화 작용에서 무無néant, nothingness가 발
생한다. 앞으로 자신이 될 어떤 존재를 향해 현재의 자기 존재를
무화했을 때, 현재의 자기 존재와 미래의 자기 존재 사이에는 미
세한 틈새가 발생한다. 현재의 자기 존재도 사실은 직전의 자기
존재를 무화하여 생겨난 것이므로 현재와 과거 사이에도 미세한
틈새가 발생한다. 이 균열과도 같은 미세한 틈새, 아무것도 없이
텅 빈 공간이 바로 무rien, nothing이다. 인간은 자기 속에 무無를 갖
고 있는 존재이다. 그리고 무無란 의식과 동의어이다.

무(無)

현재의 나와 직전의 나 사이, 그리고 현재의 나와 미래의 나 사이에 텅 빈 공간을 만들어내는 것이 바로 대자의 운동이다. 무를 분비하여 앞과 뒤에 온통 무의 바다를 이루고 그 사이에 외딴 섬처럼 고립되어 있는 존재가 인간이다. 인간은 마치 벌레 먹은 사과처럼 속에 무가 들어 있는 존재라고 하이데거는 말했다. 자기 속의 무 덕분에 인간은 기투의 운동을 할 수 있다. 마치 숫자판 퍼즐에 한 칸이 비어 있어야만 다른 판들을 움직일 수 있는 것처럼 이 텅 빈 공간 덕분에 인간은 매 순간 앞으로 나아간다.

　　인간은 매 순간 자기 몸을 앞으로 던지면서 끊임없이 뭔가를 시도試圖한다. 자기의 상황, 행동 그리고 시도 앞에 나타나는 장애물을 극복하거나 도구로 사용하면서 끊임없이 어떤 행동을 한다. 성공할 때보다 실패할 때가 더 많다. 그러나 항상 그는 실패에서 빠져나와 새로운 시도 속으로 들어간다. 성공한다고 해서 성공 속에 머물러 있을 수도 없다. 이러한 행동을 통해 그는 자신의 자유를 증명한다. 이 자유는 대자적 인간이 갖고 있는 무無 때문에 가능하다. 이렇게 자신을 고립시키는 무를 분비할 수 있는 인간의 가능성이 자유이다.

무화는 자유와 동의어

인간은 자신이 설정한 어떤 목적을 위해 종전의 자기 자신을 부정한다. 그리고 자기가 몸담고 있는 세계도 부정한다. 그런데 부정否定이란 대상의 존재를 없는 것처럼 생각하는 것이므로 무화無化와 동의어이다. 영산홍 꽃잎에 가 닿은 내 의식은 바로 직전 창가에 서 있던 나의 의식을 없었던 것으로 만듦으로써 꽃잎에 대한 의식을 형성할 수 있었다. 무화란 세계 및 자기 자신에 대한 부정적 단절이다. 나는 현재를 끊임없이 부정하면서 그것을 '……이었던 나'의 형태로 만들어 과거 속에 차곡차곡 쌓아가면서 앞으로 전진한다. 대자가 자기 아닌 어떤 대상에서 몸을 빼내는 것도, 그리고 자기 자신에게서 몸을 빼내는 것도 모두 자유에 의해 이루어진다. 따라서 무화는 자유와 동의어이다. 이와 같은 끊임없는 단절의 가능성, 무화의 가능성, 부정의 가능성이 바로 자유이다.

인간은 먼 곳의 존재

실존주의 철학에서 '나'라는 존재는 "지금 그러하지 않은 바의 존재이고, 동시에 지금 그러한 바의 존재가 아닌 존재"이다. 괜히 말이 어려워서 그렇지, 풀어쓰면 이렇다. 지금 나는 20대의 비정규직이지만 30~40대가 되면 어엿한 전문직의 커리어우먼이 될 것이다. 그 미래의 나 또한 엄연한 나이다. 그러므로 '나'라는 대자존재는 '지금 그러한 바의 존재(비정규직)'가 아니다. 또, 말장난 같지만, 지금 그러한 바의 나의 존재는 희망 없는 비정규직인데 미래의 나는 그러한 존재가 아니다. 다시 말해 나는 '지금 그러한 바의 존재가 아닌 존재'이다. 결국 인간은 미래의 존재이고, 동시에 자유로운 존재이다. 하이데거가 인간을 '먼 곳의 존재'라고 말한 이유가 그것이다. 지금 여기에 있지만 사실은 저 먼 곳에 있는 인간이라는 뜻이다. 인간은 현재의 모습으로 완결되어 굳어진 존재가 아니다. 오늘 수치스러운 일을 했다 해도 내일 그것을 만회할 수 있다. 지금 별 볼 일 없는 하찮은 사람이라 해도 미래의 어느 날에는 화려한 성공을 거둘 수 있다. 인간은 자유로운 존재이기 때문이다.

　　그런 의미에서 자유는 선택과 동의어이다. 현재의 수치스러움을 만회할 수 있는 것, 현재의 하찮은 사람이 성공한 인물로 변신할 수 있는 것은 모두 나의 선택에 달려 있다. 내가 어떤 것을 선택하느냐에 따라 끝내 열등감 덩어리의 흙수저로 남느냐, 아니면 성공한 인생으로 발돋움하느냐가 결정된다. 나에게는 완전한 자유가 주어졌으므로 나는 순전히 내 책임 하에 모든 것을 선택한다. 그 선택은 시간성 속에서 매 순간 과거의 나를 무화시키며 목적을 향해 앞으로 나아가는 무화의 방식으로 진행된다. 따라서 자유, 선택, 무화, 시간화時間化라는 말들은 모두가 똑같은 의미이다.

자유의 절대성과 상황 안에서의 자유

사르트르의 실존주의에서 자유는 절대적이다. 자유는 한 번만 자유로운 게 아니다. 이미 자유롭게 했던 선택을 우리는 매번 무화시킨다. 이처럼 영원히 이어지는 자유 속에서 우리의 자유는 선택하는 자유일 뿐, 자유롭지 않기를 선택하는 자유는 아니다. 그러니까 나는 모든 것을 다 선택할 자유가 있지만 단, 나를 자유롭지 않은 존재로 만들 자유는 없다. "우리는 자유에 처단되었다"(『존재와 무』, 565쪽)라는 사르트르의 그 유명한 문구가 바로 이것이다. 자유는 선택하는 자유일 뿐, 선택하지 않을 자유가 아니다. 다시 말하면 인간은 "자유롭지 않을 자유가 없다." 동시에 "실존하지 않을 자유도 없다." 왜냐하면 자유란 실존의 원초적 존재 양식이므로.

자유가 인간의 존재 그 자체이기는 하지만, 자유롭다는 추상적 관념만으로는 충분치 않다. 자유는 단순히 불특정의 어떤 힘이 아니다. 자유는 행위 속에서 출현한다. 거기에는 어떤 행위가 있어야만 한다. 자유는 행동으로 나타난다. 그런데 행동은 동기와 목표로 이루어져 있다. 즉 객관적인 이유와 주관적인 동기에 의해 어떤 목표를 실현시켜 나아가는 움직임이다. 이 목표를 위해 자신을 부정하고 세계를 부정한다. 자유는 바꿔야 할 주위 환경, 넘어야 할 장애물, 이용할 수 있는 도구들이 앞에 있다는 것을 전제로 한다.

따라서 자유에는 부정해야 할 기존의 어떤 여건이 미리 주어져 있어야만 한다. 자유는 근본적으로 소여와의 관계이다. 대자의 자유는 하나의 소여所與donné, the given를 요구한다. 소여, 혹은 여건與件이란 '주어진 것'이라는 의미이다. 자유란 이미 주어져 있는 어떤 여건의 무화無化이다. 미래의 유토피아적 이상사회를 꿈꾸는 혁명가는 그 유토피아가 지금 결핍되어 있는 것으로 느끼고, 지금 현재의 자기 상태 그리고 자기가 속해 있는 현재의 세계로부터 몸을 빼낸다. 이것이 그의 혁명 운동이다. 그러니까 자유의 또 다른 정의는 '소여로부터의 빠져나옴'이다. 자유롭다는 것은 무엇인가를 하기 위한 자유이고, 세계 속에서 자유롭다는 의미이다.(『존재와 무』, 588쪽.) 인간의 자유는 그러니까 스토아학파들이 설정한 것과 같은 그런 추상적인 자유가 아니다. 인간은 상황 속에서 자유롭다.

자유는 '인간'과 동의어

이처럼 절대적이며 근본적인 자유는 물론 무신론적 실존주의의 입장이다. "만일 신이 없다면 인간에게는 모든 것이 허락될 것이다"라고 도스토옙스키는 말했는데, 이것이 사르트르 실존주의의 출발점이다. 신이 없으므로 인간은 그냥 이 세상에 내던져진 존재이고, 자기 안이나 밖 그 어디에도 매달릴 데가 없는 완전한 자유이다. 모든 게 인간의 책임이다. 자유란 책임과 동의어이다. 변명은 어디서도 찾을 수 없다. 실존이 본질에 선행하므로 어떤 기성의 고정된 인간성을 참조할 수도 없다. 즉 '인간이란 이런 것이다'라고 선험적으로 정해진 기준은 하나도 없다. 인간은 자유롭고 자유 그 자체이다. 사르트르나 보부아르의 글에서 그냥 "자유"라고 지칭된 대부분의 주어들은 자유라는 추상명사라기보다는 실존적 '인간' 그 자체이다. 예를 들어 본문에 "인간은 신 앞에서 자유이다"라는 구절이 있는데, 이때 "자유"는 '자신의 자유의지로 자유롭게 선택한 기획을 앞으로 투사하는 실존적 인간'을 의미한다.

사실성

그런데 인간에게는 초월성만 있는 것이 아니다. 우리는 절대적인 자유를 누리고 있고, 모든 선택의 가능성이 있다고 했지만 이 초월성이 미치지 못하는 부분이 있다. 인간은 자신이 현재 몸담고 있는 역사적 세계를 선택하지 못한다. 내가 한국에 태어난 것은 나의 선택이 아니고, 지금의 부모 밑에서 태어난 것도 나의 선택이 아니다. 그것뿐이랴. 누군가는 아름다운 외모로 인기 연예인이 되고, 누군가는 출중한 머리로 알파고 같은 인공지능을 만들어내기도 하지만 나는 그런 미모, 그런 두뇌, 그런 가문을 타고나지 못했다. 그러나 그것은 내가 선택한 것이 아니다. 이것이 바로 인간의 사실성facticity이다. 인간은 자유임과 동시에 사실성이다.

　그러므로 우리의 자유는 주어진 세계 안에서 행동하는 자유이다. 주어진 조건들로 가득 찬 세계를 우리는 상황이라고 부른다. 우리가 자유스러운 것은 주어진 상황 안에서 자유스러운 것이지, 그 상황을 자유롭게 선택할 자유는 우리에게 없다. 상황을 무시한 절대적 자유의 요구는 공허할 수밖에 없다. 모든 역사적 · 사회적 여건들을 무시하고 이 세상 어디에도 존재하지 않는 이상적 자유의 이름으로 우리 사회를 비판하는 담론들이 불순하게 여겨지는 이유가 바로 그것이다.

불안

인간은 자유 앞에서 자기의 삶이 도저히 정당화되지 못하는 듯, 그저 한 조각의 잉여물인 듯한 느낌을 갖는다. 대자는 무無이다. 아무것도 없는 것이고, 그저 단지 무화의 운동과정일 뿐이다. 그러므로 대자는 타인의 존재나 세계 내의 즉자 존재에 대해서는 말할 것도 없고, 자신의 존재에 대해서도 전혀 존재근거가 될 수 없다. 대자는 자신이 한없이 불안anguish하다. 의식이 자신의 자유에 대해서 불안을 느끼기 때문이다. 자유는 예측이 불가능하다는 것, 그리고 모든 결정은 언제고 뒤집어질 수 있다는 사실이 의식을 불안하게 한다. 우리를 더욱 불안하게 하는 것은 우리가 자유 이외의 다른 아무것도 할 수 없다는 것과, 이 세상에 의미를 부여하는 것은 다름 아닌 바로 나 자신이라는 사실이다.

사물에 대한 의미나 가치가 나의 밖에서부터 온다면 나는 그것을 충실하게 지키기만 하면 된다. 거기에는 불안이 있을 수 없다. 촘촘한 제도의 틀 속에 얽매여 있던 전통 사회에서 사람들은 불안이라는 것을 별로 느끼지 못했다. 주어진 규칙과 예의범절만 기계적으로 따르면 편안한 삶을 누릴 수 있었다. 그러나 모든 사람이 각자 자신의 가치를 스스로 정립해야만 하는 현대 사회에서 우리는 심하게 불안감을 느낀다. 실존적 인간이 되었기 때문이다. 그러므로 현대인이 불안을 느끼는 것은 그가 절대적으로 자유롭기 때문이다.

실존주의가 주는 희망의 메시지

우리는 초월성, 대자, 즉자, 무, 기투, 자유, 사실성, 불안 같은 실존주의적 개념들을 간단히 살펴보았다. 우리의 상식과 달리 초월성이란 매 순간 자유롭게 선택한 자신의 기획을 앞으로 투사하는 인간 존재의 양식이며, 자유, 기투 등과 같은 계열에 속하는 개념이다. 자유는 인간 존재를 구성하는 절대적 요소이다.

우리의 존재 양식은 자기 자신을 뛰어넘는 초월성인데, 그것은 존재 한가운데에 무가 들어있기 때문에 가능한 것이었다. 무는 자유와 동의어였다. 이 무인 자유에 의해 나의 존재는 초월성이었다. 내가 다른 사람들의 비난을 무시할 수 있는 것도 나의 존재가 초월성이기 때문에 가능하다. 나는 나에게서 도망치고 나에게서 벗어나 이미 저만치 앞으로 나가 있다. 그러니까 나를 흉보거나 비난하는 사람들의 손에 남겨준 나의 존재는 내가 방금 빠져나온 나의 누더기에 불과하다. 나는 이미 저 앞에 서서 내 누더기를 조롱하거나 비난하는 사람들을 내려다보며 냉소를 지을 수 있다. 이것이 초월성이다.

그러나 인간에게는 자유만 있는 것이 아니다. 자신이 자유롭게 선택할 수 없는 영역도 있다. 태어난 국가, 부모, 외모, 능력 등은 자신이 선택할 수 없는 강제적 조건이다. 이것을 사실성이라고 한다. 그러므로 인간은 자유와 사실성이 합쳐진 존재이다. 그러나 이 주어진 여건을 어떻게 뛰어넘어 어느 방향으로 가느냐 하는 것은 절대적으로 주체인 나의 선택과 자유에 달려 있다. 그 누구도 나를 대신해 내 인생을 선택하거나 살아 줄 수 없다.

모든 결정을 그 누구의 도움도 받지 않은 채 순전히 내 판단으로 내려야 하고, 그 결정이 정당하다고 판결해 줄 사람은 아무도 없고, 그 결정이 잘못되었을 때 그건 내 책임이 아니라고 변명할 여지가 전혀 없는 것, 이것이 바로 대자적인 삶이다. 이것이 자유다. 그 자유를 분명히 느끼게 될 때 우리는 심한 불안을 느낀다. 자유에 눈 뜨는 것은 인간에게는 언제나 크나큰 고통이다.

실존주의가 우리에게 주는 불안감이다. 그러나 동시에 빛나는 희망이기도 하다. 내 인생은 나의 것이고, 나는 뭐든지 내 뜻대로 할 수 있으므로.

_2016년 7월 박정자

「이 도서의 국립중앙도서관 출판예정도서목록(CIP)은 서지정보유통지원시스템 홈페이지(http://seoji.nl.go.kr)와
국가자료공동목록시스템(http://www.nl.go.kr/kolisnet)에서 이용하실 수 있습니다.(CIP제어번호:
CIP2016017289)」

시몬 드 보부아르 장편 에세이

모든 사람은 혼자다

시몬 드 보부아르
박정자 옮김

초판 1쇄 발행 2016년 10월 10일
초판 3쇄 발행 2021년 11월 25일

펴낸이 강경미 ┃ **펴낸곳** 꾸리에북스 ┃ **디자인** 앨리스
출판등록 2008년 8월 1일 제313-2008-000125호
주소 121-840 서울 마포구 합정동 성지길 36, 3층
전화 02-336-5032 ┃ **팩스** 02-336-5034
전자우편 courrierbook@naver.com

ISBN 9788994682228 93190
파본이나 잘못 만들어진 책은 바꾸어 드립니다. 책값은 뒤표지에 있습니다.